Sources théoriques et techniques de l'analyse des pratiques professionnelles

Collection Savoir et formation
dirigée par Jacky Beillerot et Michel Gault

A la croisée de l'économique, du social et du culturel, des acquis du passé et des investissements qui engagent l'avenir, la formation s'impose désormais comme passage obligé, tant pour la survie et le développement des sociétés, que pour l'accomplissement des individus.
La formation articule savoir et savoir-faire, elle conjugue l'appropriation des connaissances et des pratiques à des fins professionnelles, sociales, personnelles et l'exploration des thèses et des valeurs qui les sous-tendent, du sens à leur assigner.
La collection *Savoir et Formation* veut contribuer à l'information et à la réflexion sur ces aspects majeurs.

Dernières parutions

Claudine BLANCHARD-LAVILLE et Dominique FABLET, *L'analyse des pratiques professionnelles* (édition revue et corrigée), 2000.
Nicole MOSCONI, *Formes et formations du rapport au savoir.*
Chantal HUMBERT (coordonné par) *Les usagers de l'action sociale. Sujets, clients ou bénéficiares ?*
Claudine BLANCHARD-LAVILLE et Dominique FABLET (coord.), *Pratiques d'intervention dans les institutions sociales et éducatives.*
Gérard BARNIER, *Le tutorat dans l'enseignement et la formation,* 2001.
Collectif de Chasseneuil, *Accompagner des formations ouvertes*, 2001.
Michel BOUTANQUOI, *Travail social et pratiques de la relation d'aide*, 2001.
Philippe SARREMEJANE, *Histoire des didactiques disciplinaires*, 2001.
Philippe CARRÉ (sous la dir. de), *De la motivation à la formation*, 2001.
Patrice PELPEL, *Apprendre et faire*, 2001.
Jean-Claude FILLOUX, *Épistémologie, éthique et sciences de l'éducation*, 2001.
Michèle GUIGUE, *Le point de vue des jeunes sur l'orientation*, 2001.
M. HUBER et P. CHAUTARD, *Les savoirs cachés des enseignants,* 2001.
Florence GIQUEAUX, *De l'épreuve à l'œuvre,* 2001.
Arlette MUCCHIELLI-BOURCIER, *Prévention et traitement des troubles scolaires de l'apprentissage,* 2001.

Claudine BLANCHARD-LAVILLE et Dominique FABLET
(Eds.)

Sources théoriques et techniques de l'analyse des pratiques professionnelles

L'Harmattan
5-7, rue de l'École-Polytechnique
75005 Paris
FRANCE

L'Harmattan Hongrie
Hargita u. 3
1026 Budapest
HONGRIE

L'Harmattan Italia
Via Bava, 37
10214 Torino
ITALIE

ISBN : 2-7475-1893-0

SOMMAIRE

Avant-propos

Claudine Blanchard-Laville et Dominique Fablet

Voici le cinquième ouvrage collectif sur l'analyse des pratiques professionnelles que nous coordonnons. Pourquoi cette étape supplémentaire dans nos activités éditoriales ?

À l'origine du projet de publication de cette série d'ouvrages collectifs, la proposition de Jacky Beillerot [1] d'offrir à des lecteurs, notamment des étudiants, des textes de praticiens invités à formaliser leur expérience d'analyse des pratiques professionnelles. Sur cette question peu d'ouvrages et d'écrits étaient alors disponibles et la plupart d'entre eux s'inscrivaient soit dans un type d'approche bien spécifié, soit dans un champ de pratiques assez étroitement circonscrit. Dès lors, on pouvait concevoir l'intérêt, pour des professionnels et des étudiants, de disposer d'un ensemble de points de repère quant aux différentes orientations possibles de l'analyse des pratiques, et ce, dans des champs professionnels diversifiés.

Après un premier ouvrage collectif publié en 1996, *L'Analyse des pratiques professionnelles*, trois autres

---

[1] Proposition à mettre alors en rapport avec nos activités respectives d'enseignement dans le cadre du DESS « Cadres pédagogiques de la formation d'adultes », diplôme mis en place en 1990 au Département de Sciences de l'Éducation de l'Université de Paris X Nanterre qui comprenait un module centré sur l'Analyse des pratiques professionnelles. Depuis l'année universitaire 1999-2000, ce DESS a été modifié : il s'agit dorénavant du DESS « Processus de formation et développement des compétences dans le management de projet » proposé par le département des Sciences de l'Éducation de Paris X Nanterre et la Chaire de formation des adultes du CNAM.

volumes ont été publiés en 1998, *Analyser les pratiques professionnelles*, puis en 1999, *Développer l'analyse des pratiques professionnelles dans le champ des interventions socio-éducatives*, et enfin, *Pratiques d'intervention dans les institutions sociales et éducatives*, en 2000.

La publication d'un cinquième ouvrage collectif sur les sources théoriques et techniques de l'analyse des pratiques professionnelles s'imposait ; il nous semblait important de revenir aux deux courants principaux, celui initié par le travail de Balint et celui issu de l'approche réflexive (Schön et Argyris), pour chercher à comprendre à partir de quelles influences ils se sont développés, comment ils se sont ultérieurement diversifiés et quels rapports ils entretiennent avec d'autres courants.

Comme les précédents, ce recueil de textes ne prétend pas à l'exhaustivité : ainsi, en ce qui concerne les approches spécifiques d'analyse des pratiques professionnelles n'est-il pas question d'orientations qui se sont développées plus récemment comme *l'entretien d'explicitation* (Vermersch, 1994), *la didactique professionnelle* (Pastré, 1999) ou encore *la clinique de l'activité* (Clot, 2001)... Par ailleurs, les apports de la sociologie du travail, de la sociologie des organisations (stratégique ou culturelle), mais aussi de l'approche socio-technique... mériteraient sans doute d'être envisagés.

Aussi, pour compléter le panorama, d'autres contributions devraient-elles être réunies dans un nouvel ouvrage à paraître ultérieurement ; par ailleurs, le lecteur désireux de se reporter à des textes déjà publiés dans les volumes précédents et qui traitent de manière générale de questions d'ordre théorique et d'aspects techniques liés à l'analyse des pratiques professionnelles peut consulter les articles suivants : dans *L'analyse des pratiques professionnelles* les contributions de Jean-Marie Barbier, Serge Blondeau et Monique Soula-Desroche, celles de

Jacky Beillerot et de Jean Chami, dans *Analyser les pratiques professionnelles*, l'article de Gérald Boutin dans *Développer l'analyse des pratiques professionnelles dans le champ des interventions socio-éducatives*, et, enfin, l'introduction de Dominique Fablet à *Pratiques d'intervention dans les institutions sociales et éducatives*.

Tous les textes rassemblés dans cet ouvrage sont inédits. L'ordre adopté pour la présentation des contributions est le suivant : tout d'abord le texte de Nicole Mosconi qui traite de la question des rapports entre théorie et pratique, puis les articles relatifs aux deux principaux courants de l'analyse des pratiques professionnelles ; ceux de Claudine Blanchard-Laville et Gérard Pestre puis de Jean Chami, centrés sur l'approche de Balint, ceux de Jean-Marie Miron et Annie Presseau puis de Gérald Boutin relatifs au courant réflexif. Enfin les articles de Pierre Dominicé, Dominique Fablet, Jacky Beillerot et Dominique Lecoq examinent successivement les rapport qu'entretiennent certaines approches (les histoires de vie, la psychosociologie, l'analyse institutionnelle) avec l'analyse des pratiques professionnelles mais aussi les relations entre formation et management.

Présentation des auteurs

Jacky Beillerot est professeur émérite en Sciences de l'Éducation de l'Université de Paris X Nanterre. Ses champs de réflexion s'ordonnent autour des pratiques professionnelles, notamment d'enseignant, de formateur et de travailleur social, des institutions, de la constitution des savoirs et de leur diffusion et du rapport au savoir des sujets. Il participe à plusieurs instances chargées du développement des innovations et de la recherche en éducation et formation.

continue d'y conduire de nombreuses missions privilégiant les situations de travail qui présentent une implication personnelle forte comme le coaching, la médiation ou le management.

Nicole Mosconi, professeure en Sciences de l'Éducation à Paris X Nanterre, est ancienne élève de l'École Normale Supérieure de Sèvres, agrégée de Philosophie, docteure et Habilitée à Diriger des Recherches en Sciences de l'Éducation. Ses recherches s'inscrivent dans le CREF - EA 1589 (Centre de Recherche Éducation et Formation de Paris X Nanterre), dans l'Équipe « Savoirs et rapport au savoir ». Elle a publié : (1989) *La mixité dans l'enseignement secondaire : un faux-semblant?*, Paris, PUF, coll. « Le pédagogue » ; (1994) *Femmes et savoir, La société, l'école et la division sexuelle des savoirs*, Paris, L'Harmattan, coll. « Savoir et formation » ; (1998), *Égalité des sexes en éducation et formation,* Paris, PUF, coll. « Éducation et formation, Biennales de l'éducation ».

Jean-Marie Miron est professeur au département des Sciences de l'Éducation de l'Université du Québec à Trois-Rivières (Canada). Il est titulaire d'un doctorat en sciences de l'éducation de l'Université de Paris X Nanterre et de l'Université de Montréal (option psychopédagogie). Ses intérêts de recherche portent sur la famille et le soutien des parents dans les milieux d'éducation de la petite enfance, ce qui l'a amené à s'intéresser à diverses formes d'analyse des pratiques, dont la pratique réflexive. Il participe aux travaux du Groupe de recherche en développement de l'enfant et de la famille (GREDEF - Université du Québec à Trois-Rivières, Québec) et est chercheur associé au Centre de Recherche Éducation et Formation (CREF - EA 1589, équipe « Éducation familiale et interventions sociales en direction des familles », Université de Paris X-Nanterre). Il assume une responsabilité de rédacteur-adjoint à *La revue internationale de l'éducation familiale*.

Gérard Pestre est Directeur de l'organisme de Conseil et de formation *Trans-Faire* qu'il a créé en 1993. Psychanalyste, il est chargé de cours à l'Université de Paris X Nanterre au sein du Département des Sciences de l'Éducation. Il anime depuis plusieurs années des groupes d'analyse des pratiques d'inspiration Balint pour des enseignants de l'Éducation nationale, des travailleurs sociaux et des formateurs.

Annie Presseau est professeure au département des Sciences de l'Éducation de l'Université du Québec à Trois-Rivières et membre-fondateur de la Chaire privée de recherche CFER : « Une stratégie d'excellence pour le développement durable et la réussite scolaire ». Ses recherches portent principalement sur les processus d'apprentissage et de transfert ainsi que sur les interventions pédagogiques.

Références bibliographiques

Barbier J.M. (1996), « L'analyse des pratiques : questions conceptuelles », in Blanchard-Laville C. et Fablet D. (coord.), *L'Analyse des pratiques professionnelles*, Paris, L'Harmattan, 27-49 (nouvelle édition, 2000, 35-58).

Beillerot J. (1998), « L'analyse des pratiques professionnelles : pourquoi cette expression ? », in Blanchard-Laville C., Fablet D. (coord.), *Analyser les pratiques professionnelles*, Paris, L'Harmattan, 19-24 (nouvelle édition, 2000, 21-26).

Blondeau S. (1996), « Dispositifs d'analyse clinique de la conduite professionnelle », in Blanchard-Laville C. et Fablet D. (coord.), *L'Analyse des pratiques professionnelles*, Paris, L'Harmattan, 65-95 (nouvelle édition, 2000, 73-104).

Boutin G. (1999), « L'apport de la carte conceptuelle à l'analyse des pratiques professionnelles », in Blanchard-Laville C., Fablet D. (coord.), *Développer l'analyse des pratiques professionnelles dans le champ des interventions socio-éducatives*, Paris, L'Harmattan, 203-220.

Chami J. (1998), « L'analyse des pratiques professionnelles et sa dimension formative », in Blanchard-Laville C., Fablet D. (coord.), *Analyser les pratiques professionnelles*, Paris, L'Harmattan, 57-77 (nouvelle édition, 2000, 61-84).

Clot Y. (2001), « Éditorial », *Éducation permanente* n° 146, 7-16.

Fablet D. (2000), « La notion d'intervention », in Blanchard-Laville C., Fablet D. (coord.), *Pratiques d'intervention dans les institutions sociales et éducatives*, Paris, L'Harmattan, 15-25.

Pastré P. (1999), « Éditorial », *Éducation permanente* n° 139, 7-11.

Soula-Desroche M. (1996), « L'identité professionnelle en travail. L'analyse de situation professionnelle dans la formation des praticiens », in Blanchard-Laville C. et Fablet D. (coord.), *L'Analyse des pratiques professionnelles*, Paris, L'Harmattan, 233-243 (nouvelle édition, 2000, 255-267).

Vermersch P. (1994), *L'Entretien d'explicitation en formation initiale et en formation continue*, Paris, ESF.

1

Que nous apprend l'analyse des pratiques sur les rapports de la théorie à la pratique ?

Nicole Mosconi

L'analyse des pratiques permet de reprendre à nouveaux frais la question des rapports théorie/pratique. En effet, l'analyse des pratiques représente elle-même une pratique ou plutôt une « praxis ». J'entends par praxis, au sens de Castoriadis (1975, p. 103), « ce faire dans lequel l'autre ou les autres sont visés comme êtres autonomes et considérés comme l'agent essentiel du développement de leur propre autonomie ». L'analyse des pratiques peut être, à juste titre, entendue comme une praxis en ce sens. Les praticiens qui participent à un groupe d'analyse de pratiques sont visés comme des êtres autonomes, puisque c'est eux-mêmes qui vont analyser leurs propres pratiques, avec l'aide de l'animateur/trice et de l'ensemble du groupe ; mais personne qu'eux-mêmes ne peut faire le récit de leurs pratiques et dire comment il ou elle les a vécues et comprises. D'autre part, l'analyse de pratiques est aussi une pratique, pourrait-on dire, de second degré, une pratique qui vise à aider les sujets à réfléchir sur leurs pratiques. C'est ce caractère réflexif qui peut sans doute le mieux caractériser l'analyse des pratiques et sur lequel nous reviendrons plus loin, car il nous permettra de caractériser le rapport entre la théorie et la pratique qui est mis en œuvre dans l'analyse des pratiques.

Qu'il n'y ait pas d'analyse des pratiques sans théorie, c'est en effet ce dont conviendront sans doute aisément tous les analystes de pratiques, quels que soient leurs référents théoriques. Mais affirmer cela ne suffit pas pour déterminer quel(s) rapport(s) les pratiques d'analyse de pratiques entretiennent avec la théorie.

Pour tenter de préciser ce rapport, nous allons examiner trois manières de concevoir les rapports entre théorie et pratique et nous tenterons de montrer que seule la troisième permet de concevoir les véritables rapports entre la théorie et la pratique dans l'analyse de pratiques.

– nous montrerons tout d'abord que la pratique n'est jamais une *application* de la théorie

– il n'est pas suffisant non plus de parler d'*articulation* de la théorie et de la pratique

– il faut parler plutôt de production de savoir par le praticien, à partir d'une réflexion sur sa pratique : c'est cette autoréflexion où la théorie a fonction de médiation qui fonde l'autonomie du praticien.

Mais, pour pouvoir dire quelque chose des rapports entre théorie et pratique, il faut d'abord préciser ce que l'on entend par théorie et par pratique, montrer que ces termes sont polysémiques et que, selon leur divers sens, les rapports entre théorie et pratique seront différents. D'autre part, outre ces questions sur la nature de la théorie et de la pratique, il faut aussi poser une autre question importante : la question qui ? Qui sont les théoriciens et les praticiens ? Et qui fait le « rapport » entre théorie et pratique ?

Théorie et pratique dans les pratiques éducatives

Qu'est-ce que la théorie et la pratique ? Castoriadis, reprenant la distinction aristotélicienne entre « poïesis » et

« praxis », distingue les pratiques techniques et économiques, qui visent l'efficacité technique, en prenant la matière comme moyen pour fabriquer des objets utiles ou l'efficacité stratégique qui prend l'autre ou les autres humains comme moyens pour atteindre des fins pragmatiques ; et, d'autre part, la « praxis », qui, comme on l'a vu, vise l'autre ou les autres comme êtres autonomes, c'est-à-dire comme fins. Castoriadis cite comme exemples de ces activités sociales, ou, comme il dit, de ces « faires sociaux » qui relèvent de la praxis : les pratiques politiques, éducatives et médicales. Je ne sais si les politiciens participent à des groupes d'analyse de pratiques, mais les groupes d'analyse de pratiques s'adressent bien le plus souvent à des praticiens qui œuvrent dans le domaine éducatif ou le domaine médical, où d'ailleurs on pourrait dire que les groupes Balint ont joué un rôle pionnier. Mais dans un groupe d'analyse de pratiques, il n'y a pas seulement les pratiques des praticiens, participants du groupe, il y a aussi la pratique dans le groupe de ou des animateurs/rice/s du groupe.

Si l'on admet, avec Kant, qu'il n'y a pas de pratique sans théorie, on pourra cependant se demander : par rapport à ces pratiques, qu'est-ce que la théorie et où se situe-t-elle ? On peut faire remarquer, en effet, que ce mot de théorie est équivoque et que la théorie peut être entendue en trois sens différents.

Tout d'abord ceux que lui donne Durkheim qui distingue deux types de « théorie ». La théorie « scientifique », théorie qui porte sur des faits donnés à l'observation – par exemple, les pratiques dans une société donnée -, et qui a pour but de les connaître, c'est-à-dire de les décrire et de les expliquer. Comme dit Durkheim, la théorie entendue en ce sens se donne pour but de connaître et uniquement de connaître. Elle dit ce qui est. Elle ne cherche pas à dire ce qui doit être et ce qu'il faut faire. Elle

quoi faire et comment. « Science, d'où prévoyance, prévoyance, d'où action », disait Auguste Comte.

Mais il y a une équivoque dans cette formule. Car la science peut faire des prévisions, prévoir que, dans des conditions données, tel phénomène se produira, à l'instant t, selon une loi déterminée. Mais, pour créer ces conditions données, il faut une expérimentation de laboratoire, qui confirmera ou infirmera la prévision. Or, la situation de laboratoire, qui rend possible la vérification de la prévision, est une situation artificielle, artificiellement simplifiée. La situation réelle, au contraire, est toujours une situation complexe, où l'on ne peut contrôler toutes les conditions et connaître toutes les lois.

C'est pourquoi il y a toujours un abîme entre la prévision et la « prévoyance ». La prévoyance, c'est-à-dire l'anticipation des effets auxquels on peut s'attendre quand on opère une transformation technique de la réalité, est beaucoup plus difficile que la prévision scientifique, même pour les techniques industrielles ; car, dans la réalité, il y a un nombre considérable de phénomènes et de conditions qui interfèrent. C'est ce qui rend le passage de la science à la technique si difficile. On ne peut jamais prévoir tous les éléments d'une situation singulière et donc tous les effets qu'une action va produire. Ce qui est vrai pour les sciences de la matière est encore plus vrai pour les sciences humaines.

Mais il y a une autre raison encore plus fondamentale qui rend l'application non seulement difficile mais impossible. Pour passer de la science à la pratique, il faut qu'il y ait d'abord un projet d'action, projet de transformation du réel, il faut donc qu'il y ait un but ou un objectif. C'est à cette seule condition qu'il peut réellement y avoir «prévoyance». Celui qui est « prévoyant », c'est celui qui, voulant atteindre un but déterminé, invente des moyens et prévoit les obstacles et les manières de les franchir, les effets de l'action et les moyens d'éviter des effets non voulus. La science peut aider à trouver des moyens, elle peut parfois aider à prévoir les obstacles ou les effets, mais elle ne peut pas poser le but ou l'objectif. La science n'a rien à dire sur les buts à atteindre. C'est que la science, disant ce qui est et pourquoi c'est ainsi, peut indiquer ce qui est possible ou même plutôt ce qui est impossible, mais elle ne peut jamais dire d'elle-même ce qui doit être, ni ce qu'il faut faire.

Il ne faut donc pas croire qu'on peut tirer directement de connaissances scientifiques données des procédés ou des principes d'action pour une pratique déterminée. Puisque la science ne peut pas fixer de buts, aucun impératif d'action ne peut découler directement des connaissances scientifiques.

Il est donc tout à fait faux de penser que le théoricien est plus «savant» que le praticien sur la pratique : quant aux savoirs d'action, le chercheur n'a aucun privilège sur le praticien. Est-ce à dire que le praticien n'a pas besoin de théorie, que le savoir-faire, l'expérience pratique lui suffisent ? Si la pratique s'exerçait dans des situations toujours semblables, le savoir-faire pourrait suffire, mais comme nous sommes dans un monde changeant où les situations évoluent sans cesse, le savoir-faire et les habitudes sont insuffisants pour y faire face.

La théorie est donc nécessaire, mais quelle théorie ? Pour que la science puisse s'appliquer, il faut une forme de théorie particulière, qui formule des règles d'action ou des impératifs. Dans les rapports entre sciences de la nature et technique, on les appelle des « savoirs procéduraux » ; dans les rapports entre sciences humaines et sociales et pratiques éducatives, on pourrait dire qu'il s'agit de la pédagogie ; en médecine, existe la thérapeutique, Freud parlait aussi de « technique psychanalytique ».

Mais, même dans ce cas-là, le rapport entre « théorie pratique » et pratique n'est pas une application. Là-dessus Durkheim nous avertit : « Si elle (la pédagogie) entend... édicter des recettes toutes faites que le praticien n'aura qu'à appliquer mécaniquement, elle dégénère en constructions arbitraires » (Durkheim, 1963, p. 2).

Au fond ce que Durkheim dénonce, ce serait un modèle «taylorien» de la pratique, qui implique aussi un certain type de rapport social : les théoriciens pensent et commandent ; les praticiens exécutent. Il s'inscrit en faux contre ce rapport inégal, souvent supposé implicitement sous l'idée des rapports entre théorie et pratique : l'idée que le théoricien, sous prétexte qu'il est «savant», devrait commander au praticien. Mais nous avons vu que le théoricien, s'il est chercheur en sciences humaines ne sait pas ce qu'il faut faire ; mais, s'il est pédagogue, il n'indique que des règles générales, sans indiquer ses modes d'application. Autrement dit, rien n'autorise les théoriciens à instaurer un rapport d'autorité avec les praticiens, ce rapport est une usurpation.

Donc le passage de la théorie à la pratique n'est pas une application mécanique et ce n'est pas une application du tout. Si ce n'est pas une application, dira-t-on qu'il s'agit d'une articulation ?

Le rapport théorie-pratique comme rapport d'articulation

L'idée d'articulation cherche à corriger le caractère de contrainte impliquée par la notion d'application. Le théoricien n'exercerait plus un rapport d'autorité sur le praticien mais il collaborerait avec lui pour améliorer les pratiques. L'intérêt de la notion d'articulation, c'est de poser le rapport entre théoricien et praticien comme un rapport égalitaire, chacun apporte à l'autre quelque chose d'irremplaçable, le théoricien, son savoir et le praticien, son expérience, sa connaissance du terrain.

L'articulation théorie-pratique, ce serait ce passage dont parlait Bernard Charlot (1995, p. 22) d'une pratique spontanée, non réfléchie, à une pratique réfléchie, ordonnée consciemment à des principes.

Comment peut-on dès lors articuler la théorie et la pratique ? À première vue, articuler des savoirs scientifiques et des pratiques est une gageure, nous l'avons vu, car ce sont deux activités de nature et de niveau très différents. Comme le montre Bernard Charlot (1990), la théorie se caractérise toujours par sa cohérence interne, elle développe des concepts et des principes, liées entre eux en un système, et elle développe des modèles universels. Les savoirs théoriques sont formalisés et se donnent à connaître dans des langages adéquats, naturels ou mathématiques. La pratique, au contraire, se caractérise par deux éléments essentiels : elle est finalisée et elle est contextualisée. Finalisée : on ne peut pas agir sans avoir un ou des buts à poursuivre. Contextualisée : ces buts, le praticien les poursuit dans une situation donnée, un contexte donné. Et cette situation, ce contexte sont singuliers, uniques, chaque fois différents, chaque fois nouveaux.

Cela signifie-t-il qu'il n'y a pas de commune mesure entre théorie et pratique et que les savoirs scientifiques sont inutiles pour les praticiens ? En vérité il n’en est rien, Pour passer d'une pratique spontanée à une pratique réfléchie, les professionnels peuvent se saisir des résultats obtenus par la recherche, d'une certaine compréhension ou explication des phénomènes pour «travailler» leur propre pratique, ou modifier les représentations de cette pratique, les représentations des sujets dont ils s'occupent et des problèmes qu'ils rencontrent.

Mais le savoir scientifique joue dans la pratique un tout autre rôle que dans la théorie. Pour définir ce rapport, Malglaive (1990) parle d'« investissement ». Ce concept me paraît très intéressant. Un investissement suppose toujours un acteur, un investisseur, et cet investisseur, ce n'est pas la théorie (l'argent), mais le praticien (l'entrepreneur). Le savoir n'est plus une fin, il est un moyen parmi d'autres (comme à côté des capitaux, il y a aussi les machines et « les ressources humaines », comme on dit aujourd'hui) pour résoudre un problème technique ou pratique concret.

Mais l'investissement est toujours une prise de risque, il peut être fructueux, mais il peut aussi conduire à la faillite. Rien n'est assuré par le savoir. Même si la complexité des situations réelles rend parfois difficile le diagnostic qui permettrait de savoir ce qui était erroné dans les théories que la pratique a utilisées, l'échec des pratiques peut remettre en question les connaissances scientifiques et peut susciter de nouvelles questions de recherche. Ainsi il arrive que ce soient les praticiens qui soient amenés à questionner les chercheurs et à critiquer le savoir des chercheurs. Le chercheur pourra toujours dire que son savoir n'a pas été utilisé à bon escient par le praticien, mais il peut y avoir des cas aussi où c'est le chercheur qui a produit un savoir inadéquat et où il est questionné à juste titre par le praticien.

D'autant plus qu'en sciences sociales et humaines, les savoirs sont encore moins assurés que ceux des sciences de la nature, liées aux techniques. On pourrait reprendre ici une remarque que faisait Philippe Perrenoud, dans une conférence, en 1991, à propos de l'enseignement : « Il n'existe pas en sciences humaines d'acquis théoriques dont la maîtrise suffirait pour enseigner efficacement ». Il remarque en effet que les enseignants sont dans une situation inverse de celle des ingénieurs : les ingénieurs complètent des bases scientifiques et technologiques très substantielles par une part de bricolage et de « know how ». Pour les enseignants, le mélange est exactement inverse : « beaucoup de bricolage, d'intuition et quelques connaissances scientifiques plus ou moins confirmées ». On pourrait sans doute en dire autant pour tous les métiers qui mettent en jeu des relations humaines. Cela n'empêche pas de considérer que ces connaissances scientifiques sont utiles, mais simplement, une telle remarque doit rendre les chercheurs modestes dans leurs rapports avec les praticiens. Les savoirs scientifiques (des sciences sociales et humaines) ne valent pour les praticiens que si ceux-ci peuvent les investir dans leur pratique.

Pour le praticien, les savoirs scientifiques sont des moyens utiles ou non pour résoudre les problèmes pratiques que lui pose la situation concrète dans laquelle il agit. Donc les savoirs théoriques, savoirs scientifiques ne sont opératoires pour les praticiens que s'ils sont réappropriés par ceux-ci. Ce concept de « réappropriation », proposé par Michel Corbillon (1996, p. 28), me semble le plus adéquat pour décrire les rapports que les praticiens entretiennent effectivement avec la théorie, et surtout avec les connaissances scientifiques.

Nous avons dit : la pratique est contextualisée, mais elle est aussi finalisée. Si le praticien use des savoirs scientifiques comme de moyens qu'il réinvestit et se réapproprie, c'est aussi parce qu'il ne peut agir sans poser d'abord des fins. On peut penser que c'est le rôle de la « théorie pratique », de la théorie normative, de poser ces fins qui permettront de faire cette articulation entre savoirs scientifiques et pratiques.

Prenons l'exemple des pratiques éducatives. Dans le passé, la pédagogie était une théorie proche de la philosophie, elle réfléchissait sur les fins de l'éducation, sur l'idéal d'homme à éduquer. Et cette réflexion est toujours nécessaire. Mais, depuis la fin du 19ème siècle, avec l'avènement des sciences humaines et sociales, la pédagogie s'est rapprochée de la science et on a pu rêver de « pédagogie scientifique ». C'est bien ainsi que Durkheim voit le rôle du pédagogue : « Tout ce que peut et doit faire le pédagogue, c'est de réunir, le plus consciencieusement qu'il est possible, toutes les données que la science met à sa disposition, à chaque moment du temps, pour guider l'action. » (Durkheim, op. cit., p.1).

Mais alors est-ce la pédagogie qui va diriger le praticien ? Sans doute la pédagogie, en liant les données de la science à une réflexion philosophique, peut-elle fournir au praticien des principes, des règles d'action. Mais les règles, comme les principes, sont toujours générales et plurielles. Dans la pratique, ces règles ne suffisent pas. Deux éléments essentiels doivent s'ajouter : savoir parmi plusieurs règles possibles, quelle est la règle qui doit s'appliquer dans le cas précis, et savoir si telle règle peut s'appliquer dans tel cas singulier, dans telles conditions et circonstances particulières. Or, seul, le praticien, qui est dans ces conditions et circonstances singulières, peut reconnaître qu'il est dans les conditions ou dans le cas pertinents.

Cette faculté d'établir un rapport entre une règle générale et un cas singulier et, d'autre part, de discerner, parmi les cas et les situations, ceux qui correspondent à telle règle ou à telle autre, c'est ce que le philosophe Kant (1793) appelait le « jugement ». Il y voyait une faculté subtile, faite d'intuition et de réflexion, propre à chaque praticien et sans laquelle il ne peut y avoir de bon praticien. Le bon praticien en effet agit selon des principes et des règles, mais en même temps il tient compte de la singularité des situations pour prendre ces décisions.

Cette singularité, cette unicité même des situations se marquent encore plus nettement dans les pratiques qui ont affaire à l'humain, puisque chaque être humain, chaque groupe humain est différent et le même être humain, dans des contextes différents, réagira et agira différemment. L'action à son égard doit donc chaque fois être adaptée, éventuellement modifiée en fonction de la situation. Il n'y a pas de pratique véritable, surtout dans le domaine des relations humaines, sans une réflexion, une vigilance sans relâche qui doit faire face aux imprévus et aux nouveautés incessantes de la situation et des réactions du sujet que l'on veut aider ou éduquer. C'est pourquoi la théorie pratique, avec ses principes universels, ses règles générales, si elle est nécessaire, ne saurait suffire à une authentique praxis. Seul le praticien, qui est dans la situation, qui sait les fins qu'il poursuit et le contexte dans lequel il se situe, est à même de tirer des théories scientifiques et normatives celles qui devront être appliquées dans sa situation singulière

La notion d'articulation nous a amenés à passer d'une relation à deux termes théorie-pratique à une relation à trois termes : sciences-théorie normative-pratique. On peut préciser l'analyse en montrant que la médiation est encore plus complexe à opérer, que la pratique suppose en fait une pluralité de savoirs qui, seuls, la rendent possibles. Dès lors le rapport entre théorie et pratique ne serait plus seulement d'articulation, mais de réflexion, la théorie, plutôt que d'être à l'origine de la pratique se trouvant plutôt à son terme, grâce à la médiation de l'analyse et de la théorie. C'est ce qui fonde l'analyse des pratiques.

Une théorie de la pratique comme condition de possibilité de l'analyse des pratiques

La pratique est acte (Mendel, 1999), interactivité entre un sujet praticien et une réalité extérieure à lui. Cette réalité dans la praxis n'est pas une réalité matérielle, mais une réalité humaine, à la fois individuelle ou groupale, et institutionnelle. Or, le caractère premier de cette réalité, c'est qu'elle résiste. « C'est dans l'acte, et uniquement dans l'acte que l'être humain est amené à "prendre acte" de la dimension d'une réalité étrangère à son moi qui résiste très déplaisamment à ses désirs, à ses concepts, à ses théories, à ses projets » (op. cit., p.14). Dans la pratique, le sujet découvre la résistance de la réalité à ses intentions et à ses actions. Cette résistance est telle qu'elle peut même, dans certains cas, condamner son action à l'impuissance. C'est pourquoi le sujet praticien, s'il se veut efficient, doit apprendre à faire preuve de détours, de tours habiles, de « métis » (op. cit., p.299 et sq.), comme disaient les Grecs.

Ces tours et ces détours, c'est ce que l'on appelle le savoir-faire et les savoirs pratiques. Car les savoirs théoriques ne suffisent pas à la pratique. Pour que la pratique existe, il faut encore savoirs pratiques et savoir-faire. Dans la pratique, ce sont ces dernières sortes de savoirs qui sont centrales. C'est à travers eux que savoirs scientifiques et savoirs normatifs s'investissent dans la pratique et sont réappropriés par le praticien.

Les savoir-faire sont liés à l'acquisition d'une pratique. Ils sont les savoirs du moment même de l'acte. C'est eux qui permettent d'accomplir l'acte. Ils s'expriment dans un type particulier de pensée, « si étroitement mêlée à l'exécution de l'acte qu'il paraît impossible de l'en dissocier complètement » (op. cit., p.27). Ils pensent la réalité, mais d'une manière radicalement différente de la pensée théorique et conceptuelle, qui est une pensée en mots, consciente et réfléchie, logiquement articulée, formalisée. La pensée du savoir-faire en très grande part reste non-verbale et non-consciente.

Mais comment apprend-on ces tours et des détours et ces savoir-faire ? Pour les apprendre, il n'y a pas d'autre manière que de faire. Ainsi se trouve-t-on devant un paradoxe : il faut savoir faire pour pouvoir faire, mais pour savoir faire, il faut d'abord faire et sans savoir-faire. Tel est le paradoxe que rencontre tout débutant ou tout novice dans un métier.

Mais celui qui va apprendre à faire en faisant va peu à peu acquérir, outre ces savoir-faire, des savoirs pratiques. Les savoirs pratiques, ce sont les savoirs que le praticien se forge par l'expérience, ils sont les formes accomplies des savoir-faire. « Ils se constituent à la faveur d'actes anciens "digérés", intégrés analysés, élaborés » (op. cit., p.14). Si les savoir-faire sont difficilement verbalisables et s'agissent beaucoup plus qu'ils ne se disent, les savoirs pratiques, qui sont des savoirs construits dans l'« après-coup » de l'acte peuvent plus facilement s'exprimer, même si c'est plutôt dans un langage imagé que rationnel et formalisé ; souvent ils peuvent créer leur propre « jargon » et acquérir une autonomie propre.

Ainsi, à partir de son expérience, le praticien se construira des savoirs pratiques, éventuellement pénétrés d'éléments théoriques, mais directement liés à l'action et à son déploiement. Ils donnent du réel une connaissance contingente, mais efficace pour réaliser l'acte. Ce savoir pratique consistera le plus souvent en ce que Jean-Blaise Grize (1996), après Jean-Claude Passeron, appelle des «modèles déictiques». Il s'agit de modèles pour l'action, pour diriger l'acte, dans l'ici et maintenant de la situation, modèles qui guideront l'action du praticien, mais qui aussi lui permettront d'être ouvert à toute donnée nouvelle qui résultera des actions qu'il accomplira. Ce modèle empruntera à toutes sortes de modèles extérieurs et à des référentiels hétérogènes.

Mais ces savoir-faire, ces savoirs pratiques, ces modèles déictiques, constitués dans la pratique et formulés après l'acte, ne sont pas toujours opérants dans la pratique. Il faut à ce sujet entendre l'avertissement de Durkheim : « Si l'expérience se passe de toute réflexion pédagogique, elle dégénère à son tour en routine aveugle » (Durkheim, 1963, p. 1).

De plus, un trait de la pratique, de ce que Gérard Mendel appelle « l'acte », c'est qu'il est toujours une prise de risque. Entrant en interactivité avec la réalité des autres humains et leurs résistances, le praticien découvre le non-prévu, l'imprévisible, l'inconnu. Les résistances que les autres opposent à ses intentions, à ses projets et à ses désirs lui font vivre cette réalité comme non maîtrisable et donc comme potentiellement dangereuse. Devant des sujets humains particuliers, aux conduites imprévisibles et aux idées déconcertantes, il n'est pas toujours aisé de faire face. Dans un cadre institutionnel complexe, il n'est pas toujours aisé de se situer. D'autre part, face à ce manque de maîtrise et à l'insécurité et au danger que le praticien ressent, il peut se construire des savoirs défensifs, des savoir-faire routiniers et des savoirs pratiques rigides et peu adaptés. Dans l'inédit des situations qui se présentent, les savoir-faire et les savoirs pratiques, même éclairés par des savoirs théoriques, et même chez un praticien expert, peuvent être mis en défaut.

C'est ici que peut intervenir l'analyse des pratiques, soit pour aider des débutants à passer le cap difficile des débuts et à se constituer des savoirs pratiques plus opérants ; soit pour aider des praticiens plus expérimentés à résoudre les problèmes que leur posent leurs pratiques, à sortir de certaines visions stéréotypées des situations et à dépasser les routines et les réponses rigides à des situations inédites.

Par un retour sur la pratique que la nécessité de la verbalisation transforme en récit à l'adresse des membres du groupe d'analyse des pratiques, le praticien donne forme et sens à l'expérience vécue de ses pratiques et de ses actes.

Mais on ne s'en tient pas au récit. Celui-ci devient le matériau de l'analyse : le dialogue avec les autres participants du groupe et avec l'animateur dévoile des dimensions inaperçues, des éléments occultés ou oubliés, des aspects inédits et des significations nouvelles. Par-delà le récit manifeste se découvrent des significations latentes.

Mais c'est aussi parce que l'acte est prise de décision immédiate face à l'inattendu, improvisation de manières de faire non prévues face à des situations inédites et découvertes de solutions inventives et non préméditées que l'analyse s'exerce comme retour dans l'après-coup sur ce qui s'est passé et prise en compte de ce qui a été vécu dans l'immédiateté de l'urgence et l'implicite de l'inaperçu. Expliciter les décisions et réexaminer les solutions improvisées permet d'élargir le registre de réponses et les ressources pour faire face à des situations nouvelles.

C'est bien sur les savoirs pratiques que l'analyse des pratiques travaille. Elle agit sur les savoirs pratiques, en les amenant à intégrer par-delà les dimensions personnelles, des dimensions inter-personnelles et institutionnelles, en élargissant la conception de la pratique, en élargissant celle de la réalité prise en compte. Elle amène les sujets praticiens à rendre leurs savoirs pratiques plus adéquats à la réalité des êtres visés et des situations. D'autre part, elle peut conduire à mettre en évidence, par rapport aux pratiques, des marges de liberté inaperçues et des variations possibles, des souplesses dans les manières de faire et les réponses données aux situations rencontrées.

C'est pourquoi on peut dire que l'analyse de pratique est réflexion, ou, comme dit Habermas (1968, p. 247 et sq.) « autoréflexion » du sujet praticien, non pas simplement au sens d'une rétrospection réflexive sur les actes accomplis, mais aussi au sens de prises de distance critiques et de dégagements hors des illusions que le praticien peut se faire sur ses propres actes et sur la réalité qu'il rencontre hors de lui. Il s'agit de se délivrer de la « réduction égologique de l'acte », de la tendance à ramener le tout de l'acte au sujet, ce qui a pour conséquence d'esquiver le rapport à l'inconnu et au non-maîtrisable qui constitue la réalité du monde social rencontrée dans l'acte. Ces possibilités de dégagement ouvrent éventuellement sur des anticipations critiques d'autres formes d'actes et d'autres manières de faire plus adéquates aux situations réelles. Il ne s'agit pas seulement de faire retour sur la pratique et l'expérience passées, mais aussi d'ouvrir sur l'avenir, de dégager des possibilités de pratiques nouvelles, d'autoriser la créativité. Pour les praticiens, l'autoréflexion permet de transformer la pensée rigide ou routinière des savoirs pratiques en pensée inventive : « inventer des solutions originales pour des situations compliquées et inédites pour eux » (Mendel, 1998, p. 23).

Dans ce dispositif, l'animateur du groupe d'analyse de pratiques s'appuie lui-même sur des savoirs théoriques, savoirs de référence qui guident le processus d'analyse, tant dans le domaine de sa conception du sujet, de la réalité psychologique et socio-institutionnelle et de la pratique comme interaction entre ces deux réalités que dans le domaine du groupe d'analyse et de sa dynamique. Mais lui aussi met en jeu dans la situation son savoir-faire et ses savoirs pratiques, quitte à devoir lui aussi, faire un travail d'auto-réflexion dans un groupe de contrôle ou de supervision.

L'analyse des pratiques renverse donc le rapport communément posé entre savoir théorique et savoir pratique : ce ne sont pas les savoirs théoriques qui commandent mais les savoirs pratiques. L'analyse part des savoirs pratiques et de l'expérience et en opère la transformation. Elle retravaille la pratique vécue et la réélabore. Dans cette transformation des savoirs pratiques ; les savoirs théoriques ne servent que de médiateurs, d'opérateurs de transformation. La finalité de l'analyse, ce sont les savoirs pratiques et non les savoirs théoriques, même si les animateurs des groupes d'analyse de pratiques peuvent, après coup faire un travail de théorisation sur leurs expériences d'animation de tels groupes.

Comme on voit, les rapports entre théorie et pratique sont des rapports complexes. Déjà complexes dans les pratiques techniques et économiques, ils le sont plus encore dans les pratiques humaines, les praxis, d'autant que celles-ci mettent en jeu non seulement des valeurs d'efficacité mais aussi des valeurs éthiques et politiques. Le théoricien n'a pas à exercer d'hégémonie sur le praticien. Il faut dénoncer cette illusion idéologique selon laquelle sa théorie fonderait le savant à commander au praticien ou même à le conseiller. Si le chercheur échange sa fonction qui est de connaître contre une fonction de direction ou même de conseil, il prend une position d'expert et non plus de savant, c'est-à-dire une position de praticien. Et, en tant que praticien, il n'a pas de privilège sur d'autres praticiens, car, dans les pratiques, c'est la pratique qui commande et non la théorie, c'est la situation singulière et le contexte et c'est celui qui y pose son acte.

Dans l'analyse des pratiques, ce sont deux types de praticiens qui se rencontrent, le praticien dont on analyse les pratiques et le groupe avec l'animateur qui permettent que cette analyse s'opère. La théorie donc ne commande pas, elle se met au service de la pratique et des praticiens.

Références bibliographiques

Castoriadis C. (1975), *L'Institution imaginaire de la société,* Paris, Seuil.

Charlot B. (1990), « Enseigner, former : logique des discours constitués et logique des pratiques », *Recherche et formation n° 8*, 5-18.

Charlot B. (1995), *Les Sciences de l'éducation, un enjeu, un défi,* Paris, ESF.

Corbillon M. (1996), *Note de Synthèse pour l'habilitation à diriger des recherches,* Université de Paris X Nanterre.

Durkheim E (1963), *L'Éducation morale,* Paris, PUF (nouvelle édition).

Grize J.B. (1996), « Savoirs théoriques et savoirs d'action : point de vue logico-discursif », in Barbier J.M. (dir.), *Savoirs théoriques et savoirs d'action,* Paris, PUF, 119-129.

Habermas J. (1968, trad.franç.1976), *Connaissance et intérêt,* Paris, Gallimard.

Kant E. (1793, éd. Franç.1977), *Théorie et pratique,* Paris, Vrin.

Malglaive G. (1990), *Enseigner à des adultes,* Paris, PUF.

Mendel G. (1998), *L'Acte est une aventure,* Paris, La Découverte.

2

« L'enseignant, ses élèves et le savoir »
Le dispositif Balint à l'épreuve des enseignants

Claudine Blanchard-Laville
Gérard Pestre

Introduction

Avec l'intitulé que nous avons choisi, « *L'enseignant, ses élèves et le savoir* », qui s'inspire de celui de l'ouvrage princeps de Michaël Balint, *Le médecin, son malade et la maladie,* nous voulons indiquer d'emblée notre intention principale dans cet article. Nous cherchons à cerner l'influence que le dispositif imaginé par ce psychanalyste pour la formation des médecins a eue sur nos propres dispositifs d'analyse de la pratique professionnelle des enseignants. En « revisitant » les écrits concernant le travail de Michaël Balint, notre but est de mesurer la distance que nous avons prise au fil du temps par rapport à son dispositif et de rendre compte des adaptations qu'il nous a semblé nécessaire de proposer en le mettant à l'épreuve de la formation des enseignants.

Rappelons d'abord que le travail de Michaël Balint a émergé sous les influences croisées des études de cas (« case-work ») dans le champ du travail social, du contrôle psychanalytique tel qu'il était pratiqué par l'École de Budapest et des méthodes de travail de groupe proposées par Wilfred R. Bion à la Tavistock Clinic. Ces influences ont été soulignées par Michelle Moreau-Ricaud dans le travail biographique qu'elle vient de consacrer à Michaël Balint (2000), psychanalyste hongrois exilé à Londres qui a mis en place dans les années cinquante un dispositif de formation à l'intention de médecins généralistes. Il s'agissait, dans un groupe constitué d'un petit nombre de médecins se réunissant régulièrement en présence d'un *leader* formé à la psychanalyse, généralement un psychiatre, de discuter d'un cas qui préoccupait l'un des participants du groupe : « un cas qui le tracasse, le met au défi ou l'amuse, un cas qui le tarabuste, que ce soit de façon pénible ou pas », comme l'écrit Robert Gosling (1991). L'objectif dans ces échanges était de faire apparaître « ce que le médecin fait à son patient et ce que le patient fait au médecin sur le plan émotionnel ». Le but du travail était « d'examiner aussi complètement que possible la relation toujours changeante entre médecin et malade » et d'étudier le « médicament-médecin » (Balint, 1957), c'est-à-dire le fait que le médecin lui-même puisse faire office de médicament. Plus largement, il s'agissait d'aider le médecin rapporteur du cas à travailler son « contre-transfert » au sens que Michaël Balint donnait à cette notion et que nous rappellerons ci-après.

Plusieurs années d'expérience de co-animation de groupes d'analyse des pratiques enseignantes, de compositions très diverses, nous amènent aujourd'hui à souhaiter prendre conscience de manière plus précise, à travers cette relecture des propositions de Michaël Balint, des évolutions de notre propre dispositif.

Dans une première partie du texte, nous tenterons de montrer que la transposition du dispositif Balint dans le champ de la formation des enseignants demeure pertinente. En effet, il s'agit bien d'une transposition : Michaël Balint a imaginé son dispositif pour des médecins, même s'il avait amorcé son travail avec un groupe de « travailleurs sociaux intéressés aux problèmes de couple » (Gosling, 1991) tandis que, pour notre part, nous travaillons essentiellement avec des enseignants ou des formateurs d'enseignants. Nous essaierons de préciser les analogies qui fondent cette transposition mais nous soulignerons aussi les différences que le changement de nature du public visé induisent.

Dans une deuxième partie du texte, à partir d'une situation clinique issue de notre expérience et réélaborée pour cet article, nous essaierons de montrer la pertinence et l'intérêt du dispositif Balint dans le cadre de la formation continue des enseignants.

Enfin, dans une troisième partie, nous tenterons de reprendre les questions théoriques que soulèvent les modifications qu'il nous semble avoir apportées au travail préconisé par Michaël Balint.

Proximités et différences

Si on cherche à cerner précisément le travail de Michaël Balint, le témoignage de Robert Gosling, publié en 1991 dans le numéro 122 du Coq Héron consacré à cet auteur, nous apporte des informations précieuses. Gosling est l'un des psychiatres les plus proches de Michaël Balint dès le début de son travail de formation auprès des médecins ; il fait d'ailleurs partie de ce qui a été appelé par la suite « La vieille garde » (Moreau-Ricaud, 2000), le groupe des formateurs leaders de groupes qui s'est longtemps réuni autour de Balint. Pour cette réflexion, nous nous appuyons aussi sur un article de Michaël Balint, *Psychanalyse et pratique médicale,* paru dans l'ouvrage collectif dirigé par André Missenard en 1982 sur l'actualité du mouvement Balint, article dont nous ne possédons que la version française, ainsi que sur son ouvrage de base, *The doctor, the patient and the illness,* paru en 1957 à Londres.

Dans les années cinquante, Michaël Balint estime que la question de la formation des médecins est devenue une question préoccupante et d'une certaine importance, « dans la mesure où on s'est aperçu que les réponses chirurgicales et médicales s'avéraient inefficaces, voire inutiles et dispendieuses », dans un certain nombre de cas, précisément ceux où la demande des patients se situe sur un registre relationnel, affectif et/ou névrotique. Ceci l'amène à se questionner en tant qu'analyste : avons-nous un autre type de réponse pour la formation des médecins ?

Pour lui, en tant que psychanalyste, deux rôles sont possibles dans cette affaire : soit se poser en enseignant qui délivre une formation en psychothérapie et en psychiatrie aux médecins sur un modèle universitaire classique, soit se poser comme « leader d'une équipe de recherche » dans « un séminaire de discussion avec les médecins sur les problèmes psychologiques dans la pratique médicale » tel qu'il le formule. Michaël Balint oppose ainsi le rôle d'éducateur qui dispenserait aux médecins des formations universitaires sur la psychanalyse au rôle de leader d'une équipe de recherche dans un « séminaire de discussion » avec les praticiens. C'est évidemment la deuxième solution qu'il choisit et pour lui, ce qu'il est possible de faire, c'est de se concentrer sur « le cas concret dans une situation hic et nunc » apportée dans le groupe par l'un des participants, d'observer et d'analyser en priorité dans le rapport du cas ce qui concerne « le contre-transfert du médecin ».

De la même manière, dans le champ de l'enseignement, les réponses qui ignorent les dimensions affectives, psychologiques et relationnelles dans la transmission des savoirs apparaissent la plupart du temps insuffisantes. D'où le désir de s'engager, pour certains d'entre nous, à faire acquérir aux enseignants des connaissances sur ce registre, et notamment des connaissances éclairées par la psychanalyse. Dans la même perspective que Michaël Balint pour la formation des médecins, il nous semble pertinent de poser la question de la formation des enseignants par rapport aux savoirs issus de la psychanalyse. Pour y répondre, on se trouve devant la même alternative : soit proposer des formations de type universitaire à travers des apports théoriques sur les dimensions affectives du processus enseignement-apprentissage, soit se proposer d'animer des groupes de formation où l'on cherche avec les « praticiens-enseignants » eux-mêmes à discuter des problèmes relevant de ce registre dans l'exercice de leur fonction.

Nous souscrivons toujours à cette remarque de Michaël Balint : « en vérité, nos conférences (sont) plus savantes et un peu plus pertinentes puisque nous en savons beaucoup plus mais leur utilité pour le maniement de la situation concrète ne sera pas beaucoup plus grande » (Balint, 1982). On peut transposer tout à fait cela dans le champ de l'éducatif ; il est probable que faire venir des conférenciers très pointus et très pertinents dans leur domaine peut être d'un certain intérêt pour la formation des enseignants mais nous savons d'expérience que leur utilité pour les praticiens-enseignants dans le maniement de leurs situations concrètes en référence à ces connaissances est assez faible.

Ainsi, ce questionnement autour de la formation reste à nos yeux d'actualité : il oppose deux formes de transmission de la connaissance, une forme de type classique universitaire, émetteur-récepteur, et un mode de participation active à la construction des connaissances à travers le vécu concret du praticien. Cette question sur les modes de transmission des connaissances est ravivée par le fait que la psychanalyse a introduit à nos yeux une rupture dans le processus enseignement-apprentissage en montrant notamment qu'il peut y avoir apprentissage sans enseignement, et surtout, que la question des savoirs et du rapport au savoir n'est pas indépendante des dimensions inconscientes (Beillerot, 1996). La psychanalyse nous a aussi convaincus que le changement dans les pratiques professionnelles limité à la stricte volonté délibérée du praticien reste de faible portée, dans la mesure où quelque chose de plus fort que son désir conscient s'oppose en lui au changement souhaité.

C'est ainsi que pour Michaël Balint, le véritable domaine du travail dans son dispositif est celui du contre-transfert du médecin qu'il considère « en partie conscient, en partie inconscient » et dont les effets sont pour lui « souvent totalement différents de ce que les médecins se proposaient d'obtenir ». Pour lui, le contre-transfert du médecin recouvre la manière dont celui-ci fait usage de sa personnalité, de ses convictions scientifiques et de ce qu'il appelle ses modèles de réaction automatique (*the way in which he uses his personality, his scientific convictions, his automatic reaction patterns*) (Balint, 1957). C'est à travers le rapport du cas par le médecin dans le groupe qu'il est possible d'élucider les éléments singuliers de ce contre-transfert et d'obtenir « ce changement limité bien que considérable dans la personnalité du médecin » (*limited though considerable change in his personality*) (Balint, 1957) qui est visé.

Soulignons que Michaël Balint met à plusieurs reprises l'accent sur les limites qu'il essaie de donner aux interprétations du contre-transfert : il veut délibérément et nettement les limiter, énonce-t-il. Il distingue pour cela ce qu'il appelle le transfert manifeste évident (*public overt transference*) et le transfert privé latent (*private hidden transference*). Nous gardons la formulation de Balint, mais ici, il s'agit bien du contre-transfert du médecin sur son patient et de la distinction entre contre-transfert public et privé. D'ailleurs, en ce qui concerne le transfert du médecin sur le leader et sur le groupe, Balint dit explicitement ne pas les travailler. Il note qu'il ne « touche presque jamais le contre-transfert privé du médecin » (Michaël Balint, 1982) ; en revanche, il dit « travailler continuellement le contre-transfert public » du médecin. Il ajoute cependant, comme le souligne Francis Imbert (1996), que ces limites peuvent être évolutives et donner lieu à des aménagements, en fonction de la durée du travail du médecin dans le groupe mais aussi de ce que lui-même, en tant que leader du groupe, ressent de l'avancée du travail. Nous reviendrons plus avant sur ce point précis en ce qui concerne notre propre travail après la présentation qui en sera faite dans la deuxième partie de l'article.

Pour Michaël Balint, l'autre axe de travail concerne ce qu'il appelle *la fonction apostolique du médecin* ; chaque médecin aurait l'idée vague mais presque inébranlable du comportement que doit adopter un patient lorsqu'il est malade et il aurait la connaissance révélée de ce que les patients sont en droit ou non d'espérer, de ce qu'ils doivent pouvoir supporter et, en outre, il aurait le devoir sacré de convertir à sa foi tous les ignorants et tous les incroyants parmi ces patients (*Apostolic mission means in the first place that every doctor has a vague but almost unshakably firm idea of how a patient ought to behave when ill, had revealed knowledge of what was right on what was wrong for patient to expect and to indure, and further, as if he had a secret duty to convert to his faith all the ignorant and unbelieving among his patients,* Balint, 1957).

Avec les enseignants, l'analogie de travail est relativement évidente : c'est bien l'essentiel de l'investigation dans nos dispositifs d'analyse de la pratique (Blanchard-Laville, 1998) que d'explorer la manière dont l'enseignant utilise le filtre de sa personnalité et les modalités singulières de son rapport au savoir dans l'exercice de son métier, c'est-à-dire son contre-transfert professionnel, ainsi que le récit qui suit le montrera. En ce qui concerne la fonction apostolique, on peut en trouver un équivalent dans la forme de conviction que les enseignants se font souvent du comportement que devrait adopter le « bon élève » — un élève à l'image, comme ils le disent dans les groupes, de l'élève qu'ils ont souvent été ou de l'image idéalisée de l'élève qu'ils ont reconstruite, un élève intéressé, travailleur, respectueux de l'autorité et du savoir de l'enseignant — et d'une sorte de devoir sacré qu'ils se donneraient de ramener les élèves sur ce bon chemin. Il est souvent pertinent de pouvoir accompagner les enseignants dans les groupes dans leur prise de conscience de l'image intériorisée de l'élève qu'ils se font et du risque de son inadéquation, en tout cas, de l'aspect inopérant sinon bloquant de ces images lorsqu'elles sont trop idéalisées au regard des attitudes et des comportements quotidiens des élèves.

Pour poursuivre l'examen des analogies, revenons au travail de Michaël Balint ; pour lui, la maladie risque d'être en quelque sorte objectivée par le médecin, et son travail dans le dispositif de groupe vise à réintroduire la subjectivité du médecin, en l'élaborant, pour que celui-ci permette au patient de redevenir sujet de sa maladie. De la même manière, pour les enseignants, sans aller à une assimilation entre la maladie et le savoir, on peut aussi constater une tendance quelque peu mécaniciste et objectivante par rapport à l'objet « savoir enseigné » ; il s'agirait alors dans notre travail de réintroduire de la subjectivité chez l'enseignant, notamment en l'aidant à prendre conscience des modalités de son rapport personnel au savoir pour qu'il soit en mesure de favoriser chez l'élève la construction singulière de son rapport au savoir et ainsi l'autoriser à occuper une position de sujet à part entière.

Dans le dispositif imaginé par Michaël Balint, le récit du cas en séance est considéré comme le texte d'un rêve au niveau des modalités d'exploration, c'est ce qu'il dit explicitement, sans qu'il y ait « une nécessité absolue de découvrir d'après le rapport du médecin ce qu'étaient exactement les faits extérieurs ». De même, avec les enseignants, nous travaillons leur récit, en suivant les associations que la personne rapporteur de la situation peut faire, ainsi que celles des autres participants du groupe, sans mettre au premier plan l'exactitude de la réalité extérieure mais bien plutôt les éléments émotionnels, affectifs et relationnels qui affleurent dans le récit.

Michaël Balint insiste enfin sur l'idée de coopération active de tous les participants du groupe qui explorent des pistes de compréhension, d'où le vocable d'équipe de recherche (« *training cum research* »), et qui ne placent pas le leader dans une position de supériorité telle que le groupe ne ferait qu'attendre son verdict interprétatif. Dans cette perspective du rôle du leader, notre propre expérience va tout à fait dans le même sens. Lorsque le groupe a appris le mode de travail proposé, l'animateur-leader peut quasiment ne pas intervenir au niveau de l'exploration proprement dite de la situation, les propositions du groupe sont souvent suffisantes à provoquer les découvertes, les prises de conscience et donc le travail du rapporteur de la situation sur son contre-transfert.

Au terme de cette mise en perspective, il nous apparaît que nous reprenons à notre compte à la fois les visées et les modes de travail d'une manière générale du dispositif imaginé par Balint ; nous continuons à soutenir les principes fondateurs et, en ce sens, nous nous ressentons dans un rapport de filiation par rapport à cet auteur.

Pour autant, l'analogie trouve sa limite sur plusieurs points. D'une part, le savoir n'est pas à l'enseignant ce que la maladie est au médecin ; la maladie pour le médecin représente un objet de connaissances mais qui est aussi l'objet de souffrance de l'autre-patient alors que le savoir, pour l'enseignant, est un objet de connaissances qui l'habite personnellement même si, par certains aspects, c'est aussi un objet externe que d'autres possèdent. De plus, d'un côté, l'enjeu est d'atténuer la souffrance, et de l'autre, l'enjeu est de transmettre cet objet.

D'autre part, le médecin travaille le plus souvent en relation duelle avec son patient dans un cadre libéral alors que l'enseignant exerce la plupart du temps dans un face à face pédagogique avec une classe, c'est-à-dire avec un groupe d'élèves et dans un cadre institutionnel extrêmement présent qui le contraint fortement et multiplie le nombre de ses partenaires. En effet, les exemples apportés dans nos groupes témoignent qu'environ la moitié des situations relatées ne concernent pas la relation aux élèves mais la relation à un supérieur hiérarchique (principal ou inspecteur) ou encore la relation à un ou des collègues ou à des parents d'élèves. Lorsque la situation est en rapport avec les élèves, elle peut soit concerner une classe entière, avec les aspects groupaux complexes qui sont mis en jeu dans la situation d'enseignement, soit un élève en particulier, et dans ce cas, la dimension du face à face avec la classe ne peut être oubliée. La prégnance du poids de l'institution constitue ainsi un des éléments de travail très important avec les enseignants. Cet élément confère une dimension psychosociale à l'analyse des situations dans nos groupes qui, sans doute, existe à un moindre degré lorsqu'on travaille avec des médecins libéraux. En général, ces dimensions relevant du registre institutionnel sont explorées en premier lieu dans notre dispositif, la question des statuts différentiels des acteurs en présence, la question des fonctions et des responsabilités assignées par l'institution, mais, après cela, il est rare que nous n'en venions pas à une exploration des dimensions intrapsychiques mises en jeu dans la situation dans la ligne de Balint.

Didier, un enseignant en « Balint »

Comme nous l'avons annoncé, nous allons présenter maintenant des éléments de notre propre manière actuelle de travailler avec des enseignants, à partir de l'expérience d'un groupe que nous avons co-animé, il y a un certain temps.

Ce groupe particulier dont est issu le récit qui suit réunit des enseignants de l'Éducation nationale exerçant dans des institutions de soins auprès d'élèves en grande souffrance physique ou psychique. Ces enseignants-là sont ainsi particulièrement sollicités psychiquement par les pathologies souvent lourdes de leurs élèves (anorexies graves, psychoses et tétraplégies, par exemple). En raison de l'éloignement géographique de plusieurs des participants, les séances de ce groupe ont été étalées sur six journées au cours d'une année scolaire, à raison de deux fois trois heures de travail par journée. L'effectif du groupe était assez important, une quinzaine de personnes environ, dont un tiers d'hommes et deux tiers de femmes.

Ainsi, Didier, professeur de mathématiques dont nous allons évoquer le travail, est un participant qui ne connaissait pas ce type de dispositif et qui est venu à l'instigation de son institution, sans grande conviction personnelle dans un premier temps. Il a présenté une première situation sans vraiment avoir l'air de s'investir comme nous allons le voir, en associant, dit-il, avec une situation qui venait d'être travaillée par une autre participante.

Passant outre cet aspect ostensiblement non investi que nous percevions et malgré l'apparente banalité de la situation, nous avons incité Didier à aller plus loin et à travailler plus avant autour de cette situation.

La question qui se pose ici aux animateurs est récurrente dans ce type de travail : quand et jusqu'où doit-on encourager un participant à dire ou à avancer dans son exploration ? En ce qui concerne Didier, la suite des séances nous a convaincus que nous avions sans doute eu raison pour l'avancée de son propre cheminement. En effet, Didier parle de sa « carapace » de professeur et du fait qu'il ne lui semble pas avoir eu besoin d'aide d'emblée ; en revanche, il tiendra à dire lors de la quatrième séance qu'il sent qu'il a beaucoup changé depuis le début du groupe.

Au cours du travail, nous lui proposons de faire le lien entre son choix de la situation rapportée avec un autre événement de sa vie professionnelle dont il nous a fait part, sa nomination dans cette institution de soins justement. Il a obtenu ce poste pour rapprochement de conjoints, et en fait, après trois ans d'exercice, il a « choisi » d'y rester, même « s'il n'envisage pas d'y rester quinze ans encore ». Sans doute on touche là à une spécificité du fonctionnement de Didier, comme si les choix qu'il fait devaient être attribués par lui à la conjoncture, dont il serait tributaire, pour que le poids de sa responsabilité décisionnelle soit atténuée à ses propres yeux.

C'est vraiment cette sorte de mise en liens que nous cherchons le plus souvent à susciter dans ce travail, mise en lien qui peut faire interprétation sur une des modalités de fonctionnement du sujet en situation professionnelle, Balint dirait un de ses « patterns de comportement ».

La première situation présentée par Didier à la fin de la première journée de travail relate le cas d'un élève de seconde qui a été « rétrogradé en troisième », soi-disant pour faire en sorte qu'il soit mieux socialisé aux dires du psychiatre, alors que Didier, considérait que cet élève avait suffisamment progressé en seconde pour y rester. La décision de lui « enlever » l'élève de la classe l'a un peu « chiffonné », avoue-t-il ; au cours du récit, ce qui apparaît c'est qu'il a le sentiment de ne pas s'être assez « battu » pour cet élève. Néanmoins, il reconnaît que du coup il a validé la décision médicale en l'acceptant sans rien dire. Tout au long du travail, nous avons le sentiment qu'il se défend par rapport à nos multiples tentatives d'investigation de son ressenti qu'on pressent plus douloureux qu'il ne veut l'avouer ; il y répond en disant : « c'est juste une association d'idées par rapport au récit précédent ». Il atténue son récit et le banalise tellement qu'une autre participante (Agnès) pose la question de savoir si, dans ce type de travail, on peut se permettre de raconter « des anecdotes ». Elle pose d'ailleurs la question aux animateurs : « ne faut-il pas avoir souffert pour pouvoir travailler dans ce groupe ? »

Nous pouvons ici renvoyer à la citation de Robert Gosling que nous avons donnée en début de texte à propos des cas qui sont choisis par les participants.

D'après lui, ce seraient des cas qui « tarabustent le médecin, qu'ils soient pénibles ou pas » ; nous aussi, dans nos groupes, nous annonçons bien en début de travail qu'il n'est pas nécessaire de raconter des situations très douloureuses, mais simplement des situations actuelles ou passées du moment qu'elles ont laissé la personne sur un ressenti qui les habite toujours ; en réalité, la plupart des situations apportées sont des situations où quelque chose est resté en suspens, avec une charge de souffrance toujours vive pour le professionnel enseignant qui les raconte.

En fait, au moment même où on va arrêter le travail, en fin de séance, à propos de la situation rapportée par Didier, il énonce presque triomphalement, sous forme quasiment de chute théâtrale ou de scoop journalistique : « je ne vous ai pas dit mais on m'a retiré l'élève à cause d'un *transfert* ». Nous avons eu le sentiment à ce moment-là que *le* mot fatidique était lâché.

On peut se demander si cette dernière intervention de Didier était délibérée, comme s'il avait gardé « le bon mot » pour la fin ou si c'est en réaction à l'intervention d'Agnès qu'il lâche cette expression comme pour donner du relief à son récit ; en opposition à l'aspect anecdotique voire superficiel, qui lui est reproché.

Il est à noter que cette dernière intervention de Didier a été plus ou moins vivement ressentie par nous comme une forme d'attaque au travail, ce qui nous a fait précipiter la fin de l'échange avec Didier ; ce moment correspondait de toute manière à la fin de la séance ; comme pour effectuer une scansion et le frustrer des bénéfices narcissiques de son effet théâtral, en faisant le pari que s'il n'abandonnait pas entre les deux séances et revenait à la séance suivante, le travail se poursuivrait de manière plus authentiquement investi.

Cette prise de décision pose une question technique au niveau de la co-animation : cette scansion ayant été prononcée par l'un de nous, celui qui sentait le plus que le travail était attaqué par la manière de faire de Didier, la séance s'achève alors même que l'autre animateur n'aurait peut-être pas pris cette décision. En effet, pour lui, il apparaissait plutôt que cet élément avait surgi pour Didier à ce moment-là seulement et n'était pas dans sa mémoire auparavant, et qu'il avait émergé pour revaloriser sa situation par rapport à l'attaque d'Agnès. Cette intervention permettait à Didier de se re-narcissiser par rapport au groupe, car, étant apparemment très soumis au pouvoir médical de son institution, le fait qu'un médecin lui dise : « c'est un transfert » serait un événement suffisamment exceptionnel pour justifier a posteriori sa présentation. Les deux perceptions ne sont pas incompatibles, mais n'en demeure pas moins qu'une décision technique pas forcément partagée a été prise, décision qui aurait pu avoir des conséquences importantes pour la suite du travail. La divergence de perceptions entre des co-animateurs habitués à travailler ensemble n'est pas fréquente mais lorsqu'elle se produit, elle est assumée en situation dans une relation de confiance et elle fait l'objet d'un travail dans l'après-coup de la séance, ce qui est toujours très enrichissant.

Remarquons aussi que l'énoncé d'Agnès a eu un effet d'interprétation qui, dans ce cas, a permis le surgissement de la remarque de Didier en le mettant au défi et qui a finalement favorisé son travail, mais que cela aurait pu tout aussi bien provoquer l'arrêt du travail de Didier. C'est là que les animateurs doivent faire appel à leur capacité de contenance pour protéger un participant qui se sent attaqué par l'intervention d'un autre et aussi pour réguler les modes d'expression de manière à protéger le travail à venir de ce genre d'attaques.

Le travail important d'élaboration qui est mené hors groupe par les co-animateurs permet très certainement de poursuivre le travail avec des stratégies plus concertées et surtout de faire circuler les mouvements psychiques de manière plus fluide pour les participants dès lors qu'un travail psychique important a été en grande partie mené par nous en dehors de la séance.

Dans ces temps d'élaboration hors groupe, nous avançons aussi des hypothèses qui ne seront pas forcément formulées explicitement en séance. Ici, par exemple, il nous apparaissait que la forme de jouissance dont témoignait Didier lors de sa répartie finale pouvait être en partie liée aussi à sa soumission à la puissance « psy ». Comme s'il y avait eu un renversement passif-actif, passer de la soumission au pouvoir médical tout puissant à une possibilité d'agir dans le groupe en attaquant le cadre du travail et aussi, par la suite, dans son rôle d'enseignant comme nous le verrons.

En effet, en début de séance suivante, Didier annonce qu'il a failli ne pas revenir au groupe, qu'il a été très choqué par le mot d'Agnès, celui d'« anecdote », car, pour lui, dans ce qu'il avait raconté, il le dit à ce moment-là, il ne s'agissait pas d'un événement anodin. Agnès explique alors que pour elle le mot anecdote n'était pas connoté péjorativement et surtout elle se défend d'avoir voulu blesser Didier.

Les animateurs doivent alors s'employer à protéger Agnès qui se met à s'accuser de toujours fonctionner comme cela et de ne pas se rendre compte de l'effet de ses paroles. Les équilibres sont subtils dans ce genre de travail et changeants. Une grande partie de l'énergie des animateurs est consacrée à la régulation de cette dynamique psychique pour que l'espace continue d'être un espace de sécurité pour chacun des participants et pour l'ensemble du travail.

Les échanges se sont alors apaisés et le travail a pu se poursuivre. En fait, cela signifie que la situation que Didier avait présentée le touchait plus que prévu initialement ou qu'il ne se l'était lui-même avoué ou qu'il ne souhaitait l'avouer au groupe, comme nous l'avions pressenti. Son travail va continuer lors des trois dernières séances.

À la quatrième séance, Didier propose de présenter une nouvelle situation ; remarquons qu'il le fait sur le même mode d'entrée que la première fois : c'est le récit d'une autre participante qui lui fait penser à un élève, un certain Gilles, qui est très assidu au club informatique qu'il anime. Ce jour-là, le jour qu'évoque Didier, Gilles a eu des difficultés dans les cours précédents celui de Didier ; il arrive assez en colère au cours de Didier et il n'a pas envie de travailler. Didier essaie de lui faire faire les exercices de mathématiques prévus, et, à un moment donné où il insiste pour le faire travailler, Gilles lui dit : « Monsieur, vous m'emmerdez ». Didier raconte alors que, sans réfléchir vraiment, il est très étonné de s'entendre dire calmement à cet élève : « eh bien toi tu ne m'emmerdes pas mais je veux que tu fasses tes exercices ». L'élève s'est ensuite mis au travail.

Dans les échanges qui suivent ce récit, Didier relie assez vite la situation de cet élève qui, dit-il est d'origine africaine, à sa propre situation familiale qui lui est très sensible. Il nous dit que lui et sa femme ont adopté une petite fille d'origine africaine lorsqu'il était enseignant en Afrique avant de venir dans cet établissement où il exerce aujourd'hui. Il fait le lien en cours de travail pendant la séance, en nous disant n'y avoir jamais pensé auparavant. Il en est tout surpris mais en même temps apparaît heureux de s'ouvrir à une forme de subjectivité de son métier, c'est notre manière de le dire, et de montrer, pensons-nous, qu'il ne se réduit pas à cette « carapace » qu'il avait revendiquée lors de la première séance, témoignant ainsi qu'elle est perméable.

Les questions pour Didier deviennent alors : comment ai-je pu ne pas me mettre en colère face à cette violence verbale de l'élève qui m'était directement adressée et comment ai-je pu trouver cette répartie qui me surprend encore moi-même ? Comment se fait-il, de plus, que cela a visiblement aidé l'élève à se réinvestir dans le travail ?

Le travail d'élaboration dans le groupe et les liens qu'il a pu établir, comme nous venons de le voir, amène Didier à s'apercevoir que la compréhension de la réaction de l'élève l'avait emporté en lui sur ce qu'il aurait pu prendre comme une atteinte à son image, à son statut, à sa personne ; et que, sans doute, cette compréhension spontanée avait à voir avec la compréhension de la situation vécue par sa fille adoptive et la patience dont il fait preuve avec elle.

Au cours des échanges, nous proposons aussi à Didier l'idée que son énoncé ait pu faire interprétation pour cet élève, c'est-à-dire ait pu donner un sens à sa conduite et toucher peut-être ainsi une dimension probablement inconsciente ; vraisemblablement, cet élève qui aurait pu s'attendre à être mis à la porte et qui peut-être même cherchait à provoquer cette réaction-là chez son professeur ou à tester les limites de sa patience, s'est vraisemblablement senti « contenu », avec une place d'élève reconnue ; il n'a pas eu à subir les représailles attendues de son agressivité qui, du coup, a dû se dissoudre.

On peut penser qu'on assiste là typiquement à une projection d'éléments hostiles sur le professeur, des éléments bêta au sens de Wilfred R. Bion, et à une situation où le professeur met en œuvre la capacité dite de « rêverie maternelle », à savoir, la capacité à accueillir ces projections sans pour autant se laisser détruire, mais au contraire avec la possibilité de les métaboliser, de les transformer pour les rendre digestibles en retour pour l'élève (Blanchard-Laville, 2001). Cette fonction contenante a même un effet pédagogique pour l'élève puisqu'elle le ré-institue du même coup dans son soi d'élève : celui-ci s'aperçoit que non seulement, sa violence ne lui est pas retournée mais qu'il est autorisé à garder une place de sujet dans la relation avec le professeur.

Une autre réaction de Didier, il l'a lui-même précisé, aurait pu être, au-delà d'un comportement purement réactionnel (« tu ne me parles pas comme ça… »), d'appeler à l'aide un infirmier et l'équipe médicale. À nos yeux, ce type d'intervention, souvent pratiquée dans ce genre d'institution, aurait eu pour effet de ramener Gilles une fois de plus à n'être que l'« objet » de l'institution : objet de soins, de surveillance… ce que ne sont que trop déjà ces élèves dans ce type d'établissement.

En effet, on peut se demander si dans ces institutions de soins, il n'est pas encore plus difficile pour les professeurs que dans des établissements classiques de lutter contre la tentation de manipuler les élèves comme des objets, dans la mesure où déjà ceux-ci sont souvent traités comme des objets, « transportés » de la chambre ou de l'infirmerie dans la salle de classe. Il nous semble que cela risque d'aller dans le sens d'un renforcement de la réification quasi-naturelle des élèves dans la relation pédagogique, spontanément entraînée vers la relation d'emprise (Blanchard-Laville, 2001).

À la cinquième séance, Didier demande à dire « deux phrases » dans le prolongement de la séance précédente. Ceci est habituel dans ce type de travail et nous avons l'expérience que cela entraîne en général un temps conséquent d'exploration, bien au-delà des deux phrases annoncées ou des cinq minutes demandées. Nous l'encourageons. Didier dit ce jour-là qu'il a été surpris par le lien qu'il avait fait la dernière fois entre son registre professionnel et son registre personnel et que, au final, les choses lui apparaissent comme moins clivées qu'auparavant. Encouragé par nous à poursuivre l'exploration, il apporte alors le récit suivant : l'élève dont il nous a déjà parlé, Gilles, s'est investi de plus en plus dans son travail scolaire, il est présent au cours de mathématiques et dans les autres cours aussi. Mais il y a un incident d'un autre type qui est survenu. Didier est professeur principal de la classe de Gilles et, depuis longtemps, les autres professeurs demandent un « point » pour Gilles, nous dit-il. Un « point », c'est une réunion entre un soignant de Gilles, Gilles et le professeur principal, à propos du travail scolaire. Les progrès de Gilles avaient été récemment attestés auprès du psychiatre et celui-ci avait été alors d'accord pour un « point ». À la demande des autres professeurs, Didier téléphone dans le service, répercutant cet accord du psychiatre, pour demander ce fameux « point » ; l'infirmière dit alors que ce n'est pas marqué dans le cahier de liaison et que, pour elle, c'est encore prématuré ; elle refuse « le point ». Didier accepte alors ce refus et renvoie cette information au psychiatre qui, à son tour, entérine la volonté de l'infirmière de différer le « point » et remet ce rendez-vous à une date ultérieure après les vacances.

Le groupe fait alors travailler Didier sur son sentiment de malaise d'avoir un peu « abandonné » Gilles dans cette affaire, comme il nous le livre ; en effet, pourquoi se soumet-il à la décision négative de l'infirmière en rationalisant ultérieurement le bien-fondé de cette décision. « C'est leur problème », nous dit

Didier ; je savais que « ça dysfonctionnait entre le service et le psychiatre, je ne voulais pas mettre de l'huile sur le feu ». Mais son malaise est là et il en témoigne.

Au cours du travail, lors de cette séance, nous essayons de faire le lien entre les différentes situations présentées par Didier depuis le début du groupe. Les participants ont d'ailleurs bien compris à ce stade du travail, qu'au bout de plusieurs présentations d'un même participant, on peut voir « les mêmes fils » se tirer et que là réside l'intérêt, celui de faire prendre conscience au participant de l'un de ses modes de fonctionnement récurrent. Ainsi, revient-on à la première situation présentée par Didier, l'élève qui lui a été enlevé pour cause de « transfert » et toute une discussion se développe sur le terme de « transfert », mot assené brutalement par le médecin à propos de l'élève retiré à Didier.

Le travail effectué avec d'autres participants dans ce groupe nous amène à penser que ce signifiant de « transfert » utilisé par les « psys » de ces établissements de soins peut apparaître comme un étendard qui baliserait en quelque sorte leur territoire de soignants par rapport au territoire éducatif. Ainsi, lorsqu'un psychiatre dit à un professeur comme Didier : « attention pour cet élève il y a transfert », cela veut signifier et signifie tout à la fois pour Didier : attention « danger », cet élève s'attache trop à vous et c'est dangereux mais aussi, le transfert, ce n'est pas pour l'enseignant, c'est réservé au « psy ». Le transfert représente ce qui compromettrait la guérison du patient et que nous percevons comme ce qui empièterait sur le domaine d'intervention des soignants, sur leurs prérogatives, donc sur leur pouvoir.

Didier, qui est assez nouveau dans l'institution et semble peu armé théoriquement du côté des connaissances psychologiques, témoigne à plusieurs reprises qu'il se soumet sans discussion à ce pouvoir « médical ». Le travail effectué dans le groupe lui fait prendre conscience de cette soumission. Pour autant, il n'est pas encore prêt à élucider ce mode de fonctionnement qui le relie aux soignants de l'institution. Pour Didier, on peut penser que dans le laps de temps imparti à ce travail, c'est surtout son rapport aux élèves qui a été modifié du fait de l'articulation personnel/professionnel qu'il a réussi à établir assez rapidement plutôt que son rapport aux médecins de l'institution. La poursuite du travail aurait été nécessaire pour le faire avancer sur cette question.

Plus largement, les situations travaillées dans ce groupe nous amènent à interroger le cas particulier d'une institution qui réunit en son sein l'éducatif et le thérapeutique et où se côtoient ainsi des enseignants et des soignants autour des mêmes clients/patients/élèves. Une des spécificités remarquable de ce type d'institution, c'est qu'elle demande plus ou moins explicitement à ses enseignants de rester le plus possible sur leur terrain d'enseignant, le versant médical étant « pris en charge » par des spécialistes du soin (infirmiers, psychiatres, médecins ou autres), à l'intérieur même de l'établissement.

À la sixième et dernière séance, Éliane, une autre des participantes de ce groupe, professeur d'allemand, est amenée, après un assez long travail d'exploration sur sa relation avec un élève particulier, à préciser le moment de son choix de l'allemand comme discipline à enseigner. Elle n'était pas une bonne élève ; en fait, elle voulait faire de la philosophie, et elle raconte qu'il y a eu une relation forte avec une enseignante d'allemand dans le secondaire qui l'a orientée. À ce stade de son travail, nous avions beaucoup d'autres éléments liés à son histoire personnelle autour de la langue allemande. Nous aurions pu cependant investiguer davantage pour Éliane sur cette bascule de son choix ; mais les associations des autres participants, particulièrement foisonnantes autour de cette question du choix du savoir à enseigner, nous ont quelque peu décentrés d'Éliane ce jour-là. Nous avons choisi de laisser ce phénomène associatif groupal se développer, contrairement à notre fonctionnement habituel qui vise à toujours garder la centration sur une seule situation et une seule personne à la fois. Sans doute, nous avions le sentiment qu'Éliane avait déjà fait un chemin important et que c'était à ce moment plus pertinent de faire avancer tout le groupe que de poursuivre plus avant et plus finement avec elle. Il faut avouer aussi que nous nous sommes sentis happés par l'intérêt de ces prises de conscience en cascade pour des enseignants, qui, en règle générale, mettent assez longtemps avant d'en venir à interroger leur choix de savoir à enseigner. Au moins quatre des participants ont pu reconstruire en quelques minutes leurs choix en lien avec leurs histoires familiales respectives et les bifurcations qui leur ont été imposées. Cela s'est fait avec beaucoup de plaisir et d'émotion mélangés qui nous ont fait penser que le travail effectué par Éliane avait ouvert la voie des *insights* pour les autres. Ce temps reste pour nous en mémoire comme le témoignage d'un moment extrêmement privilégié et assez exceptionnel de travail, où l'on peut mesurer la puissance d'entraînement psychique d'un groupe et de l'influence des élaborations des uns pour les autres.

Dans ce moment, Didier, lui, réalise qu'en fait, il a choisi les mathématiques sans doute à la place d'une discipline relevant des sciences humaines et plus particulièrement à la place de l'allemand, c'est ce qu'il verbalise. En classe de quatrième ses parents l'ont obligé, raconte-t-il, à faire de l'allemand alors même que son père, lorrain, avait choisi de s'exiler dans le sud-ouest de la France pendant la deuxième guerre mondiale. Ses grands-parents étaient lorrains aussi et sont ainsi passés plusieurs fois de la nationalité allemande à la nationalité française ; ils parlaient donc l'allemand mais Didier dit qu'il n'avait pas le droit pendant toute son enfance de demander quoi que ce soit autour de cette question concernant la langue allemande et l'Allemagne. Néanmoins, le père de Didier avait souhaité que son fils fasse de l'allemand à l'école, pour que, en cas de récidive de l'histoire, il puisse utiliser cette langue comme l'avait fait l'oncle qui avait pu jouer double jeu, à la fois résistant et en proximité avec les allemands de par la langue, ce qui avait ainsi sauvé sa vie. C'est ce que Didier comprend aujourd'hui. Ce message qu'il ressent comme paradoxal de la part de son père a eu pour effet probablement de l'empêcher de choisir la carrière de professeur d'allemand. Il a, dit-il, effectué un déplacement sur les mathématiques.

Pour résumer, le travail effectué avec Didier tout au long de ces séances et que nous avons tenté de restituer au plus près tout en le commentant, montre comment un participant peut découvrir progressivement l'intérêt de ce mode d'exploration et apprendre à l'utiliser, tout en restant dans les limites de ce qu'il peut/veut travailler dans un temps relativement limité et dans le respect des modalités globales du fonctionnement qu'il s'est construit pour « tenir » professionnellement dans les situations délicates.

Évolutions

Après cette présentation avec laquelle nous avons donné à voir notre manière actuelle de travailler, il nous semble opportun de cerner les modifications que nous pensons avoir opérées par rapport au dispositif de base dont nous avons analysé les proximités avec notre dispositif dans la première partie du texte.

En fait, nous allons concentrer la discussion à propos de cette évolution sur un point essentiel, celui de l'analyse du contre-transfert des participants, qui nous semble être le signe du changement le plus questionnant. En effet, à l'instar de Balint, nous ne travaillons pas le transfert sur les animateurs ni la dynamique de groupe à l'œuvre pendant les séances, sauf cas exceptionnels qui nous paraissent nécessiter une incursion dans cette direction. Nous avons vu les limites que Michaël Balint établissaient entre contre-transfert privé et contre-transfert public. On peut penser qu'il mettait volontairement une barrière très importante entre cure analytique, psychothérapie de groupe et séminaires de formation. Il donnait l'impression de ne pas du tout vouloir s'engager dans l'analyse de processus inconscients dans les séminaires de formation avec les médecins, il parle en effet de respecter la dignité et l'indépendance du médecin. Pourtant, quelques lignes plus loin dans le même texte (Balint, 1982), il avance que « le médecin (est) aidé à comprendre les motifs largement inconscients de sa manière personnelle ». Par ces restrictions qu'il affiche et/ou qu'il s'impose, il a sans doute voulu ainsi se protéger des attaques de « thérapeute sauvage » qui pourraient être formulées à son endroit, à cette époque. Mais il nous apparaît qu'il insiste beaucoup, voire trop, sur le fait qu'il ne s'aventurerait pas à toucher le contre-transfert privé des participants ou « presque jamais » ; d'autant qu'il apporte quelques nuances lorsqu'il indique qu'il se réserve la décision de s'y aventurer ou non selon les moments, les avancées du rapporteur, selon la tonalité émotionnelle du groupe et selon l'avancée du groupe dans son ensemble. On peut d'ailleurs s'interroger sur cette distinction privé/public ;

pour ce qu'on en comprend, est « public » ce qui est apporté spontanément dans le groupe par le participant, serait « privé » ce qui serait de l'ordre d'un questionnement plus approfondi ou d'une interprétation touchant des éléments latents affleurant dans le récit. Cette distinction ne nous éclaire pas vraiment aujourd'hui. Mais n'oublions pas que la présentation de Michaël Balint est à replacer historiquement dans sa position de pionnier qui a dû être l'objet d'attaques de la part des analystes aussi bien que de la part des médecins, ce qui est à la source vraisemblablement de son style d'allure plutôt défensive et qu'on pourrait même à certains moments qualifier de dénégative.

En ce qui nous concerne, cette question de ce que Michaël Balint désignait comme une limite à son travail, la question du contre-transfert « privé » nous interroge toujours mais peut-être en des termes différents. Jusqu'où allons-nous quant aux associations que le participant peut faire avec son histoire personnelle, son histoire d'élève et d'enfant dans sa famille. Il nous semble que Michaël Balint se retenait de faire ces liens et que, en revanche, nous les favorisons. Nous laissons la possibilité au participant rapporteur de la situation professionnelle de faire plus ou moins de liens avec des dimensions de son histoire personnelle. En tout cas, nous ne posons pas d'emblée de limite ; en revanche, nous partons toujours du récit d'une situation professionnelle et nous y restons dans le travail, même si des incursions peuvent être faites dans l'histoire privée du participant. Dans la situation que nous avons rapportée, Didier fait le rapport, de lui-même, entre l'élève Gilles et sa propre fille, sans doute parce qu'il est clair que dans notre travail ces associations sont autorisées voire souhaitées. Il a par ailleurs abordé son histoire familiale à propos de son choix des mathématiques comme nous l'avons vu. S'il ne l'avait pas fait, nous l'aurions amené progressivement vers une exploration de son passé d'enseignant, d'élève et éventuellement d'enfant dans sa famille, selon un équilibre subtil à maintenir entre ce qu'il nous paraît intéressant que le participant travaille et les limites que lui-même assigne à ce travail.

Nous pouvons noter que le travail des animateurs consiste principalement à être en tension entre deux pôles extrêmes, un engagement trop important et trop rapide du participant soit de lui-même, soit à l'incitation d'autres participants, du côté d'une investigation personnelle qui pourrait être d'une trop grande violence d'intrusion, et de l'autre côté, une exploration trop superficielle qui laisserait le participant indemne de tout travail psychique sur son exercice professionnel et donc de toute évolution.

Nous continuons à nous interroger sur cette évolution de notre travail. Nous avançons plusieurs hypothèses pour expliquer ces modifications. En premier lieu, cinquante ans ont passé depuis l'invention de Balint, la psychanalyse et ses concepts se sont développés et largement diffusés. Les résistances ne se sont pas forcément atténuées pour autant d'une manière générale, mais il n'est pas rare dans nos groupes d'avoir un ou deux participants qui ont effectué un parcours analytique et de ce fait, laissent aller davantage leurs associations. Pour les animateurs, la vigilance est alors du côté de la protection des autres participants qui, eux, découvrent ce type de travail pour qu'ils ne risquent pas de trop s'effrayer et de se bloquer.

En deuxième lieu, cette évolution historique s'est accompagnée d'une évolution culturelle et sociale qui conduit les enseignants à être confrontés aujourd'hui à des situations-limites qui les poussent aux limites de l'exercice de leur métier, et pour lesquelles ils ont à construire des capacités psychiques qui n'étaient pas requises dans les situations d'enseignement du passé (Blanchard-Laville, 2001).

Enfin, notre propre formation est tributaire de nos parcours professionnels et analytiques respectifs ; en ce sens, elle nous conduit à des styles d'animation qui diffèrent très certainement de ceux que nous aurions pu acquérir auprès de Balint et à son époque.

Cette évolution nous amène-t-elle pour autant vers un travail thérapeutique ? À nos yeux, la réponse est non ; pour nous, il s'agit toujours d'un travail de formation, mais un travail de formation qui intègre le registre inconscient et qui peut induire des évolutions personnelles par le biais des changements professionnels et, à ce titre, peut avoir des « effets thérapeutiques » au sens large. Cette question est à remettre sur le métier en permanence, la vigilance par rapport à des dérives possibles est toujours à entretenir.

Pour terminer, soulignons que si, dans cet article, nous avons mis en avant un enseignant travaillant au sein d'un groupe particulier, notre expérience d'animation de groupes d'analyse de la pratique professionnelle avec des populations très différentes nous a montré que ce dispositif d'inspiration Balint présente des qualités assez exceptionnelles de robustesse et de plasticité. Avec des modulations qui conduisent à quelques variantes, on peut le transposer avec profit dans un grand nombre de contextes différents.

Références bibliographiques

Balint M. (1957, 2000 pour Millenium reprint of Second edition), *The doctor, the patient and the illness,* Churchill Livingstone, Londres.

Balint M. (1982), « Psychanalyse et pratique médicale », in Missenard A. (dir.) *L'Expérience Balint : histoire et actualité*, Paris, Dunod, 11-31.

Beillerot J. (1996), « Désir, désir de savoir, désir d'apprendre », in Beillerot J., Blanchard-Laville C., Mosconi N., *Pour une clinique du rapport au savoir,* Paris, L'Harmattan, 51-74.

Blanchard-Laville C. (1998), « L'apport du groupe d'inspiration Balint aux enseignants et aux formateurs d'enseignants. Travail psychique et professionnalité », in Blanchard-Laville C., Fablet D. (coord.), *Analyser les pratiques professionnelles,* Paris, L'Harmattan, 27-55 (nouvelle édition, 2000, 29-60).

Blanchard-Laville C. (2001), *Les Enseignants entre plaisir et souffrance*, Paris, PUF.

Gosling R. (1991), « Le travail de Michaël Balint avec les médecins généralistes », in *Le Coq Héron*, n° 122. « Michaël Balint », 29-41.

Imbert F. (1996), « Le groupe Balint, un dispositif pour un “ métier impossible ” : enseigner », in Blanchard-Laville C., Fablet D. (coord.), *L'Analyse des pratiques professionnelles,* Paris, L'Harmattan, 135-156 (nouvelle édition, 2000, 147-171).

Moreau-Ricaud M. (2000), *Michaël Balint, Le renouveau de l'École de Budapest,* Toulouse, Érès.

3

Michaël Balint : un travail sur « la relation primaire » à l'usage des formateurs et des professionnels

Jean Chami

La réflexion que nous présentons ici est en partie issue d'un travail d'analyse de pratiques professionnelles avec plusieurs groupes d'assistants sociaux polyvalents de secteur. L'expérience a débuté il y a un an et demi et doit se poursuivre encore neuf mois. La demande, formulée par les responsables du service social départemental, faisait état de professionnels en détresse et en grande souffrance, confrontés à des situations sociales et psychologiques très éprouvantes.

La rencontre avec ces groupes confirma en grande partie ce diagnostic, quoique dans un groupe notamment, une grande part des problèmes rencontrés s'exprima davantage en termes de difficultés institutionnelles et de travail en équipe.

Les professionnels se sont engagés hardiment dans le travail d'analyse. Les situations évoquées étaient en effet extrêmement difficiles, et présentaient de nombreux aspects traumatiques aussi bien pour les usagers que pour les professionnels. Malgré leur très forte implication, les participants se trouvaient bloqués, sidérés dans leurs élaborations et associations. Contrairement à ce que nous constations d'habitude, ils utilisaient moins leur défenses habituelles, qui s'appuient sur une bonne connaissance de la relation d'aide et sur l'important bagage qu'ils ont reçus en formation initiale. Nous avons pu alors constater le rapport qu'il y avait entre le contenu des situations traumatiques rapportées, avec l'infléchissement particulier que cela exigeait dans le travail de groupe. Nous constations la répétition d'une relation particulière, très archaïque, génératrice du problème chez l'usager.

Nous avons pu également à cette occasion remarquer à quel point la théorisation de Balint sur la relation d'amour primaire, pouvait sortir de son contexte thérapeutique pour s'appliquer à une situation de formation, où des professionnels sont engagés avec leurs clients dans des relations sans issues (ne pouvant ni les rompre, ni les résoudre). Les situations rapportées devenaient utilisables quand on constatait la régression et le lien pathologique engendré par l'usager, qui le contaminait au professionnel. Ainsi, dans un travail qui excluait d'emblée toute incursion dans la problématique personnelle du professionnel, y compris dans son contre-transfert avec lequel nous travaillons habituellement, nous avons pu aider les participants à comprendre en profondeur un type de relation archaïque chez l'usager, lié au traumatisme et source de répétitions.

Ce n'est certes pas la première fois que nous constations au cœur même d'une relation professionnelle la présence d'un noyau archaïque très profond, responsable d'une impasse dans la poursuite du lien avec l'usager ; mais la lecture des textes cliniques de Balint a mis pour nous en lumière le rapport étroit entre une relation professionnelle spécifique (ici le travail social) avec un type de relation primaire particulier, autour de laquelle se noue une part cruciale de l'identité professionnelle.

Nous avons découvert la grande cohérence des travaux de Balint et l'intérêt de ses textes cliniques pour approfondir le travail d'analyse professionnelle. Nous avons bénéficié également de la traduction récente en français d'un article majeur (Balint, 1969) sur le trauma (Moreau-Ricaud, 2000).

Cette conjoncture nous permet de situer l'apport de Balint, et en ce qui nous concerne, sa valeur de source et de ressources, autour de trois éléments majeurs :

1) Tout d'abord l'invention d'un outil d'analyse, de formation et de recherche sur les pratiques professionnelles, pouvant déborder largement la relation médicale où il est né, pour s'appliquer très efficacement à des domaines où des similitudes relationnelles s'observent.

2) Il existe à nos yeux une solidarité profonde entre cet outil de formation et les recherches théoriques et cliniques de Balint sur la « relation primaire », qui conditionne en définitive toute relation, qu'elle soit thérapeutique, sociale, pédagogique.

3) Cette conception du lien primaire, dont l'origine est la relation précoce mère-enfant, nous semble également responsable d'une remise en question du modèle exclusivement vertical de la filiation (paternelle), et repose les bases d'un fonctionnement horizontal de la filiation et de la transmission, où le groupe et la réciprocité de relations forment le socle.

La réflexion qui nous intéressera ici concerne l'« enseignement » de Balint, sa portée pour comprendre la nature des savoirs professionnels transmis, leurs méthodes spécifiques. Ces savoirs professionnels que Balint met au travail reposent sur une conception de l'intersubjectivité et sur la construction d'une relation.

Notre expérience des analyses de pratiques professionnelles d'inspiration Balint, la lecture de ses textes théoriques, nous ont fait vivre la permanence d'une question : qu'est-ce qui fait « école » dans son enseignement ? La constante efficacité de son dispositif d'élaboration et de transmission ? L'originalité et le tranchant de sa réflexion théorique ? On se demande pourquoi et en quoi il n'a pas fait « école » au sens d'*école de pensée*, ce qui est pourtant une caractéristique forte du mouvement psychanalytique. La psychanalyse a remanié en théorie et en pratique les modalités traditionnelles de transmission de savoir, mais n'en a pas éliminé les rapports d'assujettissement entre maîtres et disciples, ni les violences réactives, éclatements d'écoles, nouvelles lignées, etc.

Balint, psychanalyste et formateur, nous interroge et nous apprend beaucoup sur ce plan. Qu'est-il adéquat de faire quand on veut faire émerger un savoir, le transmettre, le partager ? Surtout quand ce savoir concerne la relation de soin, la compréhension d'une souffrance physique et psychique, mais aussi quand ces savoirs concernent toutes les relations propres à l'humain (enseigner, former, éduquer). Comment s'équilibre la part d'expérience, de savoir-faire, et la construction théorique nécessaire pour comprendre les multiples aspects et les mouvements de la « maladie », énigme et source de la relation de soin ? À quelle école doit-on se mettre, pour trouver la juste place entre théorie et clinique ?

Il y a des maîtres, grands cliniciens, qui écrivent ou qui enseignent peu de théorie, mais qui laissent une empreinte orale décisive. À l'extrême, il y a aussi des maîtres à penser qui utilisent la clinique d'une manière illustratrice, comme « vignette clinique ». Les enseignements les plus complets sont bien sûr ceux qui excellent sur les deux plans.

Balint invente une méthode de formation, il construit une pensée théorique personnelle. Mais, sans doute, la solidarité entre les deux n'est pas toujours évidente à mettre en relief.

Sa pensée théorique[2], apparemment éloignée de son dispositif de formation, est une clé qui éclaire la fonction du groupe dans l'élaboration du savoir. Elle éclaire aussi le sens caché de ce qu'il y a à comprendre dans la manifestation de la maladie.

L'expérience de Balint, dans sa vie personnelle et dans ses filiations théoriques, nous offre l'exemple d'une recomposition des liens qui exprime l'essentiel de sa création et à nos yeux de son enseignement.

L'expérience de rupture et de recomposition des liens apparaît à de nombreux niveaux ; d'abord ceux des liens de filiation dans ses propres apprentissages. Au niveau théorique, il repense la notion de « lien » dans les relations de type « primaire », très archaïques et non-verbales, et la fait *jouer* entre ce niveau primaire et les élaborations « secondarisées » de la relation professionnelle. Il remanie le rapport entre corps et esprit, entre maladie physique et psychique qui sont explorés dans une véritable *théorie psychosomatique.* Il opère une médiation entre les positions d'école extrémistes et inconciliables, et il essaie de construire une position du juste milieu (middle group ou groupe des indépendants) tendant à s'affranchir des références théoriques et dogmatiques.

Son opposition à la théorie du narcissisme primaire le conduit à fonder sa pratique et sa théorie sur le primat de la relation d'objet, ce qui va donner une importance capitale à la relation en groupe pour élucider les désirs

[2] Le « Défaut Fondamental », et les écrits de la période de Budapest sur la relation d'objet et l'amour primaire.

professionnels et leurs savoirs inconscients. Son approche du *défaut fondamental* conduit à une théorie de la régression entièrement tournée vers l'échange relationnel, au détriment d'une conception purement intra-psychique : régresser se fera toujours avec un autre, en sa compagnie, et ceci aussi bien dans la relation thérapeutique qu'en formation. Le concept de trauma en trois temps permet de créer un outil permettant de transformer une rupture dramatique et une incompréhension irréductible (entre enfant et adulte) en un travail de relation et d'ajustement.

Le « rapport au savoir » de Balint nous paraît receler une particularité féconde : les liens qui existent entre sa pensée et sa pratique dépassent la construction théorique et explicative qu'il peut en faire. C'est pourquoi la fonction interprétative de l'analyse passera au second plan par rapport à l'expérience du transfert et de la régression (Balint,1971). Ces liens invisibles, tissés autour d'un noyau non rationalisable maintenu comme tel, comme faille et comme source de savoir, nous semble être l'aspect le plus profond de l'« enseignement » de Balint. Enseignement tout entier tourné vers la parole et le pari de la communication, et néanmoins s'appuyant sur l'expérience du *défaut*, de la faille irréductible et du non-savoir qui fonde l'un et l'autre. Ce « non-savoir » sera respecté comme objet d'attention et d'écoute personnelle, sans faire l'objet d'une construction théorique ou mythique trop serrée.

Tout cet aspect théorique va converger vers une conception de la transmission de savoir comme partage d'expérience, notamment d'expérience régressive (à deux), au détriment d'un savoir donné ou interprété par un maître.

Filiation paternelle et rapport au maître.

L'histoire personnelle et professionnelle de Balint influencera son modèle d'apprentissage et de transmission de savoir. Les rapports de Freud et de Ferenczi, ses propres rapports avec ce dernier, auront un impact sur sa création personnelle d'un modèle de formation basé sur l'échange et la réciprocité. Il remettra profondément en question le modèle de la filiation paternelle.

Mihaly Bergsmann, (son nom de naissance), renoncera définitivement au nom de son père pour prendre celui de *Michaël Balint*. Doit-on voir là les prémices significatives de sa conception de l'autonomie et de la séparation familiale ? Malgré les nombreuses raisons politiques et sociales de changer de nom en temps de guerre, cette « dé-filiation » définitive ne sera pas vraiment explicitée par Balint (Moreau-Ricaud, 2000, pp.59-61). Elle fait suite à des relations difficiles et à une incompréhension du père pour son fils, qui le traite de *révolutionnaire* et se sent menacé par lui. Cette peur venant du père, a dû lourdement peser sur le processus de conquête et sur le désir de filiation et de reconnaissance du fils. Ce sentiment de peur et de menace sur l'identité de l'un et de l'autre a pu conduire Balint a reconstruire une identité de nom dont les implications sont très importantes. Il ne s'agit pas seulement de rompre avec la filiation charnelle, ni avec la symbolique identitaire du nom de famille. Cette rupture s'accompagne parallèlement d'une conversion religieuse où il abandonne la religion juive pour adhérer à l'« Unitarisme », religion protestante réformée.

Il y a une rupture du lien vertical père-fils, pour nouer un lien horizontal entre frères, ciment d'un lien communautaire où une nouvelle filiation se construit dans la réciprocité. Cela aura une très grande importance dans la construction d'un modèle formatif basé sur l'échange (démocratique). Il y aura aussi un nouvel usage de la notion de *communauté*, cherchant à se délivrer de ses mécanismes de repli et de défense (liés à la Tradition communautaire), pour se construire et se développer sur l'idée d'une *réforme* incessante de soi-même et du groupe. On a peut-être là la genèse de la notion d'un groupe pouvant s'approprier ses processus d'autonomie et de développement par l'examen constant de son fonctionnement.

Son modèle de formation s'exprime également dans son lien à Ferenczi qu'il énonce dans un article commémorant sa mort : « un esprit jamais en repos, toujours alerte, questionnant toujours... Il était toujours prêt à réviser de nouveau sa technique... ses mots, ses gestes, même le ton de sa voix, si les patients le critiquaient... Les académiciens de notre science ne l'aimaient pas, ils craignaient son élan et le considéraient comme un enfant terrible.»[3]

La relation dogmatique, la « sacralisation » du discours et de la parole, liée à l'idéalisation du père, va céder la place à une relation faite d'expériences affectives, de paroles et de pensées *expérimentées*. En ce sens, ce qui deviendra le « Mouvement Balint » va se référer à un des aspects de la dynamique propre de la tradition orale.[4] « Former » consistera donc à structurer une relation pluri-polaire, dégagée de la révérence au père, mais à l'ombre de l'amour de la mère, comme nous allons le voir.

---

[3] Discours de commémoration devant l'association psychanalytique hongroise le 3 octobre 1933, paru dans *Indian Journal of Psychologie*, 9, 1934.

[4] « Tradition orale et "Mouvement Balint" », Franck Faure, *Bulletin de la Société Médicale Balint* n° 19, oct.1976, p. 35.

L'amour de la mère

Ce thème qui formera la majeure contribution de Balint dans ses écrits de la période de Budapest, regroupés sous le titre : *Amour primaire et technique psychanalytique* (1972 b), traverse en fait la vie et l'œuvre de Balint, y compris dans sa conception du travail professionnel en groupe.

Confiant dans l'amour de sa propre mère, constamment stimulé et inspiré par sa première femme Alice, il trouva auprès d'Enid une nouvelle forme d'interaction créatrice.

Sa conception de l'amour primaire sur laquelle il appuiera sa conception de la relation d'objet, met l'accent sur l'interrelation mère-enfant dès l'origine. L'opposition de Balint au concept de narcissisme primaire, met au premier plan la relation d'objet comme déterminant la construction psychique de l'individu. Du même coup, il pose comme inséparables dès l'origine les partenaires d'une relation qui vivent et construisent une complémentarité bipolarisée.

Ceci est très important pour comprendre les soubassements théoriques de son modèle de formation professionnelle. Autrement dit, un cas professionnel ne peut être véritablement compris que dans l'interrelation avec le professionnel qui le rapporte. L'analyse du transfert et du contre-transfert n'est qu'un aspect de cette solidarité profonde qui touche aussi la construction et la transformation identitaire des deux partenaires.

Un narcissisme bien secondaire...

Mais pour bien comprendre la portée de cette théorie d'amour d'objet primaire, il faut revenir à la théorie du narcissisme primaire à laquelle elle s'oppose, et qui fut développée par Freud en 1915. Celui-ci posa l'hypothèse d'un narcissisme antérieur à toute relation d'objet, pour expliquer la genèse de psychoses graves, notamment la mélancolie. On connaît aujourd'hui, après de nombreuses recherches psychanalytiques sur les psychoses, l'importance des relations d'objet précoces, et celle du narcissisme *secondaire* comme position de repli dans les pathologies psychotiques ou dites « narcissiques ».

Or, ce concept de narcissisme primaire est un concept qui a toujours été défini négativement, comme un vis-à-vis d'un monde extérieur (extra-utérin) qui n'existe *pas encore*. Il apparaît surtout comme un concept théorique destiné à pallier un manque.[5] Les observations de nourrissons, qui se sont multipliées depuis lors, semblent avoir donné raison à Balint, qui souhaitait faire sortir ce concept du champ des notions cliniques, c'est-à-dire de celles véritablement reliées à une observation et une expérience.

Le pivot de cette théorie de Balint se situe dans un nouvel ancrage de la réalité biologique. Cette réalité biologique va être abordée par Balint de deux manières. Tout d'abord il la fait intervenir comme un constat pour rendre compte des interactions précoces mère-enfant, à un niveau instinctuel, celui du besoin réciproque, source du désir et du plaisir partagé, et qui continuera à fonctionner dans la relation sexuelle génitale entre adultes. En cela, il diminuera, à ce stade, le poids des représentations au profit des manifestations corporelles et pré-verbales.

[5] « Le narcissisme primaire de l'enfant, dont nous avons supposé l'existence et qui constitue l'un des postulats de nos théories sur la libido, est moins facile à saisir par l'observation directe qu'à confirmer par un raisonnement récurrent à partir d'un autre point ». Freud, « Pour introduire le narcissisme », in *La vie sexuelle*, Paris, PUF, p. 96.

Mais d'un autre côté, comme nous allons le voir, il critiquera la tendance des psychanalystes à donner une importance excessive à l'individu, et il attribuera cet excès à l'identification abusive de l'individualité à son expression biologique.

La base biologique de cette relation d'objet primaire est l'interdépendance de l'enfant et de la mère sur le plan instinctuel : « ils dépendent l'un de l'autre, mais en même temps, ils sont aussi accordés l'un à l'autre, ce qui est bon pour l'un est effectivement aussi bon pour l'autre. Jusqu'à présent, cette interdépendance biologique dans le cadre de l'unité duelle n'a fait l'objet que d'une étude très superficielle ; nous avons cru par exemple, que du côté de la mère, elle pouvait s'expliquer par une identification narcissique avec l'enfant ».[6]

Balint ici tiendra compte du regard de l'anthropologie comparée sur les différentes formes d'éducation[7] : Notre société impose une rupture beaucoup trop précoce à cette relation, rupture responsable de la tendance à s'accrocher, de l'insatisfaction générale, et de l'avidité insatiable (ocnophilie). Ceci expliquera la préférence de Balint pour des attitudes de recherche et de découverte impliquant la notion de risque et de solitude (philobatisme).

La sortie de cette relation primaire, préverbale, va se caractériser d'abord par ce désir d'accrochage[8], désir de toucher, qu'on observe entre un patient et son analyste, et qui est aussi à l'origine de la relation du malade avec son

---

[6] « Les premiers stades du développement du moi, amour d'objet primaire »,1937, in Balint, 1972 b, p. 103.

[7] Cf. l'article majeur d'Alice Balint : *Amour pour la mère et Amour de la mère*. 1939. in Balint, 1972 b, p. 110.

[8] I. Hermann a mis en évidence le lien entre « s'accrocher » (Sich Anklammern) et « partir à la recherche de » (Auf Suche Gehen) in *La vie pulsionnelle des primates*, Imago, 1933

médecin. Toute une symptomatologie incomprise par le médecin peut relever de cet accrochage mal accepté ou rompu trop tôt.

Balint, tout en appuyant sa théorie de la relation primaire sur le plan biologique, tente de sortir celui-ci de l'enfermement qu'il prenait à ses yeux dans une entité corporelle individuelle. La vie instinctuelle est d'abord duelle, ensuite groupale (environnementale) avant d'être individuelle et auto-érotique. Dans les relations mère-enfant, médecin-malade, analyste-patient, comme dans toute relation vivante, la force libidinale est d'emblée réciproque et doit gérer savamment l'équilibre des expériences gratifiantes et frustrantes.

Balint met l'accent sur cette relation primaire, passionnelle, sur les différentes formes de déni, notamment la *collusion de l'anonymat* (Balint, 1960, p. 71) qui évacue le poids de cette relation en la reportant sur des experts spécialistes, avec lesquels patients et omnipraticiens établissent une relation maître-élève. Cette relation pédagogique apparaît donc comme la mise en œuvre d'une défense visant à masquer et à perpétuer une dépendance infantile, évitant ainsi la prise de conscience des besoins du malade (de l'enfant) nécessaire à son dépassement.

La régression est dans la relation à l'objet.

Le concept de régression est majeur dans l'œuvre de Balint, il représente toute la partie de sa théorie concernant la « dynamique ». Il reprend l'histoire de ce concept chez Freud et Ferenczi, et en marque dans son dernier ouvrage (Balint,1971) la valeur de clef de voûte. « Elle ne dépend qu'en partie du patient, de sa personnalité, de sa maladie, en conséquence, elle doit être considérée comme un des symptômes de l'interaction entre le patient et son analyste. Cette interaction présente au moins trois aspects : la façon dont la régression est reconnue par l'objet, dont elle est acceptée par l'objet, et dont l'objet y répond. Ce que le patient attend de l'objet, de l'analyste, c'est qu'il réponde sur un mode qui rappelle les substances primaires, à savoir qu'il permette au patient d'entamer avec lui une forme de relation primaire ou d'amour objectal primaire » (Balint,1971, p. 201).

C'est cette conception que nous voulons faire ressortir pour montrer à quel point elle commande non seulement la relation thérapeutique, mais aussi l'essence même de la relation dans un dispositif de formation. Pas de travail d'apprentissage, de construction, si on ne noue pas de lien primaire avec le partenaire. La progression du savoir et de l'expérience suppose d'abord une relation assise sur la régression à l'amour primaire de l'objet. Cette régression offerte à l'autre, en partie provoquée par lui, est à la fois la condition du lien, son ancrage, mais aussi la source d'un décalage.

Ce décalage qui est aussi, comme nous le verrons, la source du trauma, est le ressort qui permet de maintenir un lien constant entre l'enfant et l'adulte, à l'intérieur de la personne. Ce lien, la qualité de cette reconnaissance mutuelle, l'écoute de cet enfant intérieur, permettent, lorsqu'ils sont bons, un processus de connaissance. Lorsqu'ils font défaut, ils l'infirment et l'oblitèrent. Mais néanmoins, c'est la présence de ce défaut fondamental, ressenti à la fois chez soi et chez l'autre, sa reconnaissance, qui permet de retrouver ce lien primaire par la régression et d'en exploiter son dégagement.

Régresser pour comprendre

Régresser, c'est aussi inviter l'autre à se souvenir de notre origine commune, évoquer la manière dont nous sommes entrés et sortis de ce lien primaire, d'en pointer la quête, de marquer la difficulté de son deuil. Balint a su nous montrer les antagonismes et les complémentarités de ces formes régressives : angoisse ou béatitude du vide, passion des objets et de leur contact ou au contraire hantise de leur télescopage (Balint, 1972 a). Retrouver, entendre, sentir toutes ces formes de régression, sont d'une certaine façon les seules manières de vraiment *comprendre*. En deçà du langage des mots, de la complexité des relations en jeu dans un travail professionnel d'adulte, prennent corps l'ensemble de nos attitudes primitives envers le monde qui nous entoure. Ces attitudes et relations d'objet primaires sont relativement dissociables des buts instinctuels, des besoins. Nos premières relations sont faites de plaisirs ou de frissons liés à la découverte et à la localisation des objets (personnes). Balint remarque à quel point nous avons privilégié les images de la sphère orale et négligé celles des autres sphères en particulier : « sensation de chaleur, mouvements et bruits rythmiques, murmures confus, effets envahissants et irrésistibles exercés par des odeurs et des saveurs, le contact corporel étroit, les sensations tactiles et musculaires (notamment dans les mains) et enfin le pouvoir indéniable que possèdent tous ces phénomènes d'engendrer et de dissiper les angoisses et les doutes, le bien-être ou la détresse et la solitude désespérée » (Balint, 1972 a, p.11).

Sur le plan professionnel adulte, il s'agira de remobiliser la fonction maternelle primaire du formateur et du professionnel au travail, dans ce qu'elle a de plus éprouvante : comprendre les attentes du « client » sur un mode primaire, c'est-à-dire dans une relation où « seul un des partenaires peut faire des demandes et avoir des exigences ; l'autre partenaire (ou les autres partenaires, c'est-à-dire le monde entier) ne doit avoir ni intérêt, ni désir, ni exigences propres. Il y a et doit y avoir une harmonie totale, c'est-à-dire une parfaite identité des désirs et des satisfactions. Le proverbe "ce qui est bon pour l'un est aussi bon pour l'autre" doit être pris absolument au pied de la lettre ».(Balint, 1972 a, p.23)

Cette identité parfaite, avec ce qu'elle comporte d'illusion du point de vue de l'épreuve de réalité, est très dure à accepter pour des professionnels engagés dans des relations de travail qui comportent nécessairement cette dimension primaire. Il existe une difficulté pour accepter cette *primitivité* venant du « client », mais aussi pour s'autoriser à la vivre soi-même.

Dans notre expérience d'analyse de pratiques auprès de travailleurs sociaux, il faut passer d'abord par une sévère critique du *surmoi* professionnel, des principes soi-disant déontologiques, pour oser aborder cette identité primaire et la nécessité de la partager. Néanmoins, la relation d'aide est sans doute aussi celle qui, inconsciemment, met le mieux en œuvre cette relation primaire dans ses tentatives de restauration.

Nous constatons aussi à quel point les professionnels sont engagés dans des conflits primaires au niveau des contacts, entre distance et proximité, entre espace intime et social, entre participation affective, émotionnelle et projet rationnel, opératoire, entre agir, laisser-faire, ou ne rien faire. Toutes ces attitudes ne peuvent faire l'objet d'une analyse et d'une compréhension que s'ils ont été d'abord revécues dans leur dimension primaire.

Du point de vue psychique, le travail en analyse de pratique professionnelle consiste bien sûr à faire jouer le lien entre processus primaires et secondaires, ce qui fait partie d'une organisation et d'une élaboration indispensable. Mais une grande partie de ce travail consiste en une gymnastique entre relations d'objet opposées. L'exemple que développe Balint autour des notions de *philobatisme* et d'*ocnophilie*, rend bien compte de cette acrobatie nécessaire au professionnel pour construire une relation d'objet avec son partenaire.

La grande difficulté consiste souvent pour lui à s'engager dans ce niveau de relation où l'objet est un risque de menace ou de dépendance. Inversement, il existe aussi, et de manière sous-jacente à cette phobie du contact, un réel « collage » à l'objet ou à la situation qui est antérieur aux mécanismes de l'identification. Ce type de relation, qui joue sur l'attachement et la séparation, sur l'opposition entre voir et toucher, structure la plasticité de toute relation ultérieure plus élaborée. Il précède la construction d'une identité professionnelle en lien avec un partenaire spécifique (malade, cas social, enfant ou élève).

Dans la reconnaissance de ces positions primaires opposées, dans l'expérience de ces jeux de rapprochement et d'éloignement, inquiétants ou rassurants, réside souvent la clé des possibilités d'ouverture et de changement d'attitudes professionnelles. L'identification professionnelle que l'on nomme abusivement *identité* nous paraît bien secondaire par rapport à cette véritable expérience de l'identité primaire.

L'émergence de l'identité au sens strict semble bien, pour Balint, relever de ce dépassement des relations d'objet opposées : celle d'un attachement excessif à l'objet et celle d'un évitement systématique de celui-ci, pour trouver la sécurité dans un espace ami où l'on brave les lois de l'équilibre. Dans ce mouvement, ce passage, peut se trouver l'équilibre interne lié à la perception des ressources propres de l'individu, dont celui-ci doit faire l'inventaire, et qui constituent, dans leur point de rassemblement, l'identité propre de chacun. Ces ressources comprennent : les sentiments et émotions situés dans leur propre domaine d'appartenance (interne ou externe ?), dans leurs liens réciproques (action propre ou réaction ?).

Une part essentielle du travail d'analyse professionnelle consiste à bien inventorier le matériel (sentiments, émotions, actions), non pas pour faire ce que Balint appelle une « psychologie à une seule personne », mais pour le relier à une action, un désir, un sentiment venant d'une autre personne. C'est ce qu'il est convenu d'appeler le travail sur le contre-transfert.

On mesure ainsi l'écart entre la demande des professionnels en formation qui attendent d'emblée une progression de leurs connaissances, et la nécessité d'une régression préalable, condition d'un travail au niveau de la relation primaire[9]. L'attente d'un objet de savoir palpable, où le sujet cherche à *se tenir* à l'objet[10], ne traduit pas tant un mécanisme d'incorporation orale, mais plutôt le désir primaire de dénier à cet objet toute existence indépendante. Le maintien de cette attitude primaire ne permet pas au sujet de se dégager d'une relation intime à l'objet pour créer une action susceptible de le modifier. Il faut donc passer par l'autre pôle de la relation primaire, c'est-à-dire, selon le concept créé par Balint, retrouver l'illusion des espaces amis, éprouver le frisson, quitter la zone de sécurité et s'exposer aux risques qui représentent le traumatisme originaire.

Le trauma en trois temps

La théorie balintienne du trauma en trois temps nous paraît être une avancée considérable par rapport à ses prédécesseurs, Freud et Ferenczi, qui eux-mêmes en

---

[9] « Progresser en vue de régresser ». Balint, 1972 a, p.110.
[10] Caractéristique de la relation d'objet « ocnophilique ».

avaient fait un pivot décisif. Dans son article célèbre[11], Ferenczi avait établi, ou plutôt rétabli, l'origine relationnelle et donc en partie exogène, du traumatisme lié à la séduction sexuelle. Nous allons l'examiner plus en détail pour monter comment elle nourrit et alimente le désaccord dans la vie de relation, et parce qu'elle s'illustre de plus en plus dans les matériaux issus de la pratique sociale.

Les professionnels du champ social sont soumis à l'impact du traumatisme, à la fois de la part des usagers et dans leur fonctionnement propre. Le trauma se caractérise par une sidération et une incapacité de penser et d'agir, ou par une agitation et une répétition incessante. Il s'agit d'une commotion qui englobe l'écroulement (breakdown), la perte de sa forme propre, et l'acceptation d'une forme « octroyée », style sac de farine, ou faux-self.

La soudaineté de la commotion psychique provoque un déplaisir, une souffrance, qui ne peut être surmontée. Le sens de ce qui peut être surmonté[12] suppose d'abord une défense réelle contre la nocivité en transformant le monde environnant, et ensuite le lien à des représentations positives anticipatrices qui permettent de passer le moment difficile.

La conséquence du trauma est toujours l'angoisse manifestant l'incapacité d'affronter la situation de souffrance, et dont l'issue est souvent l'autodestruction. Celle-ci peut être localisée, globale, physique ou psychique (amnésie totale ou partielle liée au traumatisme). Ceci est vrai, bien entendu, pour le

---

[11] « Confusion des langues entre les adultes et les enfants », Ferenczi 1982, p.125.

[12] Ce qui rejoint le concept de *résilience*, comme capacité à dépasser un traumatisme grave.

traumatisme sexuel, qui provient d'une incompréhension et d'un silence auquel on condamne l'enfant. Celui-ci se transforme en automate, dévitalisant tout sentiment spontané et change sa quête d'amour en asservissement mécanique. Car le trauma provient d'un choc infligé par l'objet sur lequel on a fait préalablement reposer confiance et amour ; que ce soit des personnes ou des objets, à la suite d'accidents de train ou d'avion, ou de changement radical de comportement de l'adulte. Le traumatisme implique donc une relation intime entre l'objet qui inflige le choc et celui qui le reçoit.

Ces relations passionnées, pas forcément génitalisées, alternant excès de tendresse et de cruauté, excitation intense et indifférence, constituent la deuxième phase du trauma selon Balint, mais pas la dernière. La troisième phase commence lorsque l'enfant, imprégné du souvenir de la relation, « revient vers son partenaire avec le souhait et l'offre de continuer ce jeu passionné et excitant, ou bien éprouvant encore de la douleur et de la détresse du fait que dans la phase précédente, ses tentatives d'approche n'ont pas été reconnues, ou ont été ignorées ou interprétées de travers, essaie d'obtenir un peu de compréhension, de reconnaissance et de réconfort. Ce qui arrive alors assez souvent dans les deux cas est un refus complètement inattendu. L'adulte se comporte comme s'il ne savait rien du plaisir partagé auparavant ou du rejet ; en fait, il se comporte comme si rien ne s'était passé » (Balint, 2000, p. 276). Balint privilégie cette structure triphasique pour mettre l'accent sur la relation d'objet et sur ce qu'il appelle la psychologie à deux personnes.

L'importance de cette fonction du traumatisme se retrouve dans notre expérience d'analyse de pratique auprès des professionnels du travail social. Ceux-ci rapportent en effet très fréquemment des cas de situations traumatiques répétitives, des situations d'inceste et d'abus sexuel qui nous ont interrogés dans le travail contre-transférentiel. Le traumatisme se répète à tel point que les professionnels se sentent également traumatisés, c'est-à-dire sidérés, dans un mélange d'excitation et de souffrance impuissante où il n'y a pas d'issue. Le lien primaire dans lequel se débattent les familles *usagères* du travail social, se noue aussi avec les professionnels, et ceux-ci le renouent avec l'animateur du groupe Balint.

Un recours sans issue

L'issue est cherchée dans le recours incessant à la loi, à la justice, qui le plus souvent opère un acte de rupture, d'explosion du lien familial. La reprise de l'histoire et du lien incestueux s'avère le plus souvent impossible. Les professionnels, de par leurs consignes et prescriptions légales, sont souvent contraints à des démarches de « signalement », dénonciations, faisant intervenir la loi, mais qui dans la réalité psychique, ne sont pas équivalents à une reconnaissance du fait incestueux, de l'abus commis par l'adulte concerné. L'enfant abusé, même devenu « adulte » fait rarement le deuil de ce lien primaire grâce à une décision de justice. Le traumatisme est le plus souvent aggravé par la culpabilité et la honte. Ici se joue la confusion entre une reconnaissance légale nécessaire, une rupture et une punition, une protection, voire une réparation, et la reconnaissance d'un lien primaire très destructeur et très difficile à défaire.

Ce lien se reproduit avec le professionnel qui ressent aussi un attachement très ambivalent, un conflit entre le désir de réparer (ne pas abuser le client) et faire intervenir un tiers (la justice ou les autres acteurs du service social).

Enfin, ce lien se réfracte encore entre le professionnel en analyse et l'animateur du groupe et le groupe lui-même. Le professionnel demande reconnaissance, connaissance experte, réparation, justice, condamnation, à un animateur qui, à notre avis, ne peut ici répondre qu'au niveau de la relation primaire, c'est-à-dire à un niveau de compréhension qui seul peut ouvrir la porte véritable de ce qu'il y a à comprendre : attachement passionnel indestructible, récidivant, aliénant et inaliénable à la fois, sans médiation possible, et qui évolue nécessairement vers une autodestruction.

La théorie balintienne du trauma nous permet de comprendre ce qui est apporté dans le groupe d'analyse de pratiques professionnelles et de le déjouer : situations souvent traumatiques pour le professionnel, sidérantes, enlisées dans des répétitions.

Le vécu, en séance, d'un lien primaire non perverti, permet de retrouver cette étape où « ce qui est bon pour le professionnel est aussi bon pour l'usager et le client », où il n'y a pas nécessairement opposition entre les intérêts de l'un et de l'autre. Cette étape permet d'engager un lien solide entre les partenaires, et de préparer ainsi les moments turbulents et conflictuels inévitables, où devront être abordés les traumatismes et les ruptures qui viendront briser de manière pathologique ce lien initial. Alors, ce lien véritablement construit et vécu, persiste et n'est pas vraiment rompu, il devient la base d'une relation vivante et évolutive.

Le passage du primaire au secondaire est le signe du refoulement, nécessaire pour organiser la vie professionnelle et ses codes.

Les motivations profondes pour exercer le métier, ici le travail social, reposent sur le désir de réparation, c'est-à-dire le désir d'éviter la rupture et le trauma, de l'effacer. Il y a bien sûr un travail d'élaboration propre à élucider les désirs refoulés, mais il s'agit là le plus souvent d'un travail individuel qui ne concerne pas vraiment le cheminement du groupe. Sur le plan collectif, le plus clair de l'analyse des pratiques des professionnels de service social se situe au niveau primaire où précisément, les motions pulsionnelles et leur organisation n'ont jamais été refoulées et par-là constituent le noyau profond de leur « identité professionnelle ».

La part commune qui relie ces professionnels entre eux, concerne souvent ce point aveugle du trauma, maintenu présent et permanent par l'excitation et le contre-investissement, et qui empêchent l'oubli et le refoulement. L'issue qui nous paraît la plus proche pour « résoudre » ce trauma, à défaut de le réparer, est bien d'en vivre les étapes. Le plus difficile pour eux est d'en accepter les prémices, son « premier » temps, à savoir l'*intimité primaire.*

Dans le travail social, les situations rapportées sont souvent extrêmement traumatiques, dramatisées, sidérantes. Cette obturation mentale s'accompagne souvent d'un halo d'excitation destiné à sortir de cette incapacité de pensée. Mais cette excitation traduit aussi la répétition mortifère, voire la jouissance liée à des positions sado-masochistes. À cet endroit précis de l'analyse, il serait à notre avis très maladroit d'interpréter la complicité inconsciente du professionnel. Nous remarquons généralement que l'issue à cette situation réside dans le vécu primaire du lien que le client, l'usager, établit avec son bourreau, son persécuteur, sa victime. Cette intimité retrouvée est alors la clé d'une compréhension profonde pour le professionnel qui saisit implicitement la solidarité de ce lien primaire où l'un et l'autre sont totalement accordés, ajustés, dans un intérêt commun.

Cet intérêt traduit la présence d'un amour authentique (primaire), inconditionnel parce que réellement complémentaire, qui va dégénérer, à la suite d'un traumatisme, en mécanismes de dépendance, de répétition de danger et d'autodestruction. Ces situations pathologiques, sur le plan social et psychologique, ne peuvent donc pas trouver leur solution dans un travail de type interprétatif, elles se révèlent dans une expérience où le professionnel saisit du même coup le lien (primaire) entre deux protagonistes de son terrain et entre ceux-ci et lui-même. Il est alors amené à déchiffrer l'inacceptable et souvent l'impensable d'une situation, à la lumière de cet amour primaire qui ne veut pas se résoudre à mourir et qui pourtant amène les protagonistes à une mort plus ou moins rapide, à travers scénarios inextricables de dépendance et d'abandon, de rupture brutale, d'intrusion psychique.

Analyser, comprendre, surmonter ?

Le travailleur social peut alors se déprendre de son identification à la victime et de sa revendication incessante, car bourreau et victime sont tous deux les jouets d'une machine de mort au service du deuil impossible de cet amour premier. Désir de réparation et tentatives forcenées de sauvetage, reprennent une autre place dans une relation où peuvent être enfin partagés un sentiment et une conscience de ce qui se passe, sans éprouver l'impulsion d'un *faire*, ce qui est souvent la marque d'un *faire* authentiquement accompli.

Les sources théoriques et pratiques de Balint nous semblent bien relever de ce double aspect : un ancrage originel de la vie dans un lien interpersonnel. Une relation vivante existe de toute origine et jamais ne cesse, sauf à l'occasion d'un trauma qui la détourne de son cours. Mais la permanence de ce *deux* est aussi la condition et la complémentarité d'une unité indivise qui constitue l'identité personnelle et professionnelle.

Ce concept de relation chez Balint libère de l'emprise qui guette toujours toute relation : « le but est que le patient (*client, usager* pour des travailleurs sociaux - J. Chami) puisse se trouver, s'accepter et s'accommoder lui-même, sans jamais oublier qu'il a une cicatrice en lui, son défaut fondamental qui ne peut être analysé hors de son existence ; de plus, il est nécessaire qu'on lui permette de trouver sa propre voie vers le monde des objets - sans lui montrer "la bonne voie" par quelque interprétation profonde ou correcte » (Balint, 1971, p. 241).

Cette identité (personnelle ou professionnelle), pour être maintenue, a besoin d'être respectée, de se retrouver dans son propre cheminement, mais aussi d'être accompagnée. Car il s'est souvent créé un abîme entre l'enfant et l'adulte, entre l'enfant dans le patient et l'adulte analyste (ou professionnel), de sorte que le patient qui y régresse ne peut le surmonter par ses propres moyens (« surmonter l'abîme », Balint, 1971, p. 243). Il faut donc utiliser toutes les ressources d'une analyse *discrète,* qui accompagne et reconnaît, reforme un lien qui témoigne, mais qui n'attache pas. Là se trouve aussi la source d'une vraie filiation, c'est-à-dire, la mémoire mise en commun d'une origine.

« Le lien toujours maintenu d'un développement circonstanciel avec la racine, avec l'origine, c'est cela la vie. Un fleuve qui se souvient de sa source, qui épouse les formes de son lit et va à son embouchure, c'est cela la vie individuelle, celle de la lignée, la Vie. » (Larre, Rochat de la Vallée, 1993, p. 9).

Références bibliographiques

Balint M. (1957) *The doctor, his patient and the illness*, London, Pitman Medical Publishing Co, (Traduction française, 1960), *Le Médecin, son Malade et la Maladie*. Paris, Payot.

Balint M. (1959) *Thrills and Regressions*, London, Hogarth Press, (Traduction française, 1972 a), *Les Voies de la Régression*, Paris, Payot.

Balint M. (1965), *Primary Love and Psycho-analitic Technique*, London, Tavistock Publications, (Traduction française, 1972 b) *Amour Primaire et Technique psychanalytique*. Paris, Payot.

Balint M. (1968), *The Basic Fault, Therapeutics Aspects of Regression*, London, Tavistock Publications, (Traduction française, 1971), *Le Défaut Fondamental, Aspects thérapeutiques de la Régression*, Paris. Payot.

Balint M. (1969), « Trauma and Object Relationship», in *International journal of psycho-analysis* 50, (Traduction française, 2000), « Trauma et relation d'objet » in Moreau Ricaud M. (2000), *Michaël Balint, Le renouveau de l'École de Budapest*, Toulouse, Érès, 270-281.

Dupont J. (1999), « Notion de trauma selon Ferenczi et recherche psychanalytique ultérieure », *Le Coq-Héron* n° 155, tome II.

Faure F. (1978), *La doctrine de Michaël Balint*, Paris. Payot.

Ferenczi S. (1982 a) « Réflexions sur le traumatisme », Traduction française J. Dupont, *Œuvres Complètes tome IV*, 139-147, Paris, Payot. 5 notes et fragments publiés de façon posthume (1934) in *Internationale Zeitschrift für Psychoanalyse, tome.XX*, p.10.

Ferenczi S. (1982 b), « La passion des adultes et leur influence sur le développement du caractère et de la sexualité de l'enfant » ou « Confusion des langues entre les adultes et l'enfant, le langage de la tendresse et de la passion. », Traduction française J. Dupont et coll., *Œuvres complètes tome IV*, 125-135.

Hermann I. (1972), « Nécrologie de M.Balint », *Revue Française de Psychanalyse*, mai1972 Tome 3, 531-532.

Larre, Rochat de la Vallée, *Su Wen, les 11 premiers traités*, variétés sinologiques n°79, Moulin-lès-Metz, Maisonneuve.

Moreau-Ricaud M. (2000), *Michaël Balint, Le renouveau de l'École de Budapest*, Toulouse, Érès.

4

Les origines du concept de pratique réflexive

Jean-Marie Miron et Annie Presseau

Le concept de pratique réflexive occupe une place importante dans plusieurs dispositifs de formation en Amérique du Nord et, de plus en plus en Europe, notamment dans la formation des futurs enseignants. La pratique réflexive a ainsi pris une place importante, à côté d'autres dispositifs d'analyse des pratiques, comme l'ont souligné Maillebouis et Vasconcellos (1997). Le concept est né des travaux de Schön et Argyris (1974) et s'est principalement développé autour des écrits de Schön (1983, 1987) qui en a fait un outil de formation à l'efficacité professionnelle. La construction du concept de pratique réflexive s'inscrit cependant dans une continuité de réflexion portant sur la relation entre l'action et le savoir, continuité où le philosophe américain John Dewey occupe une place centrale. À leur manière, certains travaux du psychologue Kurt Lewin (1948 ; 1964 ; 1967) ont également contribué à alimenter la compréhension de cette relation.

Outre l'intérêt historique que peut représenter l'évolution d'un concept, l'examen des origines de la pratique réflexive peut aider à mieux comprendre son utilisation actuelle qui s'inscrit dans une valorisation de l'apprentissage par la pratique. C'est dans cet esprit qu'est rédigé le présent chapitre.

Dewey : au delà de la division théorie/pratique

Au début du siècle, Dewey[13] (1929) s'oppose aux philosophes qui ont contribué à dévaloriser l'action en justifiant la distance entre l'action et la réflexion, l'action relevant des nécessités matérielles et la réflexion faisant appel à ce qu'il y a de plus élevé dans l'être humain. De plus, il remarque que l'action est associée à la nécessité, au labeur pénible et aux classes sociales inférieures, alors que la réflexion est associée au plaisir, à l'aisance et à la liberté. La distance entre la théorie et la pratique est ainsi placée dans une perspective de divisions sociales et idéologiques. Il propose plutôt une continuité épistémologique entre la théorie et la pratique.

Pour Dewey (1916), la réflexion dans l'expérience est entre l'intention de l'action et le résultat obtenu. La répétition des essais en vue d'obtenir les résultats souhaités modifie la qualité de l'expérience et peut en faire une expérience réflexive. L'intention de l'action ramène à l'intérêt comme processus dynamique exprimant la valeur que l'individu donne à l'objet visé par l'intention (Dewey, 1962). Notons que l'expérience se caractérise par sa continuité et l'interaction entre la personne et ce qui l'entoure ; elle est toujours en situation (Dewey, 1938).

Les travaux de Dewey posent les fondements de la pratique réflexive telle que nous la connaissons

[13] La philosophie de Dewey (1859-1952) est qualifiée de pragmatiste. Elle place l'efficacité de l'action comme critère de vérité, par opposition aux spéculations métaphysiques. C'est la quête d'une «vérité» qui puisse être utile à l'action. Pour lui, la pensée n'est pas séparée du monde. La pensée naît de l'interaction avec le monde et sert à contrôler cette interaction.

aujourd'hui. Chez lui, l'expérience (ou la pratique), la réflexion, l'éducation et la démocratie sont étroitement reliés et forment un univers conceptuel riche et cohérent. Dans ce chapitre, notre objectif est d'indiquer en quoi Dewey vient éclairer le concept de pratique réflexive afin d'en tirer quelques éléments qui pourraient permettre de mieux comprendre l'utilisation actuelle de la pratique réflexive et son apprentissage.

Théorie, expérience et apprentissage

Dewey définit l'expérience comme étant tout à la fois l'activité qui agit sur les choses et la passivité qui subit les conséquences de cette activité ; l'activité n'est donc pas l'expérience. Dans l'expérience, la réflexion est considérée comme le discernement des relations entre l'action qui est tentée et ce qui en résulte (Dewey, 1975). La réflexion donne ainsi du sens à l'expérience en explicitant « l'élément intellectuel de notre expérience » (p. 180), ce qui permet de fixer de nouveaux objectifs. Pour Dewey, la réflexion naît de l'expérience où l'acteur cherche à influencer le résultat de l'action (pour Schön, il s'agit de l'intention de l'action). Le détachement réflexif n'apparaît que lorsque le « sens social »[14] de l'acteur est suffisamment développé pour que la réflexion dépasse l'intérêt immédiat et inclut des intérêts plus larges. On voit là le lien profond qui, pour Dewey, unit démocratie, expérience, réflexion et éducation.

Pour que l'expérience soit source d'apprentissage, il doit y avoir continuité et interaction entre l'expérience interne et l'expérience externe. L'expérience n'est donc éducative que si l'acteur est personnellement impliqué,

[14] On peut comprendre ce sens social comme la conscience d'une intention partagée entre les acteurs, ce qui crée un espace d'interaction et contribue à l'intériorisation de valeurs.

avec tout ce que cela comprend de subjectivité, dans une situation qui fait appel à ses expériences antérieures et qui modifie le sens qu'il donne aux expériences à venir. La capacité d'apprendre par l'expérience (Dewey, 1975) est définie comme (1) le fait d'apprendre quelque chose en expérimentant pour l'utiliser dans des situations ultérieures, (2) être en mesure de modifier l'action en fonction des résultats d'expériences passées et (3) le pouvoir d'acquérir des dispositions qui permettent des habitudes, qui est une forme d'habileté dans l'action et d'efficacité dans l'action, comme celle d'apprendre à apprendre. Traduit en termes contemporains, on pourrait dire qu'il s'agit là de la capacité de transférer des connaissances, d'ajuster son action sur ces connaissances transférées et d'apprendre à utiliser spontanément cette démarche de transfert et d'action.

Le rôle social de l'apprentissage par l'expérience

Déjà Dewey (1963) insistait sur l'élaboration d'un dispositif de formation qui fasse appel à des expériences le plus près possible de la vie quotidienne et que celui-ci se fonde sur les acquis des apprenants et serve de point d'ancrage à de nouvelles expériences. L'éducation qu'il propose s'inspire de la méthode scientifique qui procède par l'examen d'une situation, la vérification d'hypothèses et la rigueur de la démarche.

Pour Dewey (1963), la qualité de l'expérience est étroitement liée à la liberté et à la démocratie : c'est un processus social. La liberté, comprise comme étant d'abord celle de l'intelligence qui observe, juge et fait des projets, est au centre de sa philosophie de l'éducation. L'absence de contrainte ne garantit pas la liberté: par exemple, l'enfant doit apprendre à s'auto-contrôler. Cet auto-contrôle se traduit par la mise en branle de projets et leur réalisation. Dans le projet, le désir doit se traduire en action par la co-élaboration avec l'enseignant (dans un cadre schöennien, on pourrait traduire par l'expert) dans un « processus d'intelligence socialisée » (Dewey, 1963). L'imprégnation affective de l'esprit des activités communes crée un lien social que l'apprenant intériorise et que Dewey (1975) nomme démocratie. On peut aussi voir dans la revalorisation de l'expérience, liée à une vision sociale démocratique, les signes précurseurs du concept d'*appropriation* ou *empowerment*.

La réflexion au centre de l'apprentissage

Dewey place l'acquisition de l'habitude réflexive au centre de l'apprentissage. Il s'agit d'une réflexion rigoureuse, « scientifique », selon les termes de Dewey ; elle se caractérise par la curiosité et l'expérimentation rigoureuse. Dewey (1971) souligne qu'il s'agit là d'une attitude très près de celle qui est naturelle à l'enfant.

Une caractéristique centrale de la pensée réflexive est l'enchaînement des idées, une idée amenant la suivante et cette dernière se référant à la première, l'ensemble constituant un tout où chaque élément se supporte mutuellement vers un terme commun. De plus, la réflexion porte sur une suite de représentations, plutôt que sur des objets directement perçus, et mène à une conclusion agissant sur le réel. Cette intentionnalité oriente l'enchaînement des idées. La pensée réflexive tient également compte des croyances en examinant leur fondement et ce à quoi elles mènent.

La pensée réflexive procède en deux phases. Il y a d'abord le doute, l'incertitude, la difficulté de compréhension d'où la réflexion tire son origine et qui demande une solution. Une fois le problème défini, une hypothèse provisoire est élaborée. Puis vient une phase active de recherche et d'enquête pour résoudre le problème. L'action est alors planifiée en fonction de l'hypothèse provisoire, mise à l'épreuve et évaluée. Ainsi la réflexion naît de l'expérience et est guidée par la recherche d'une solution : la nature du problème détermine la finalité de la réflexion et son déroulement.

Dewey (1975) souligne le caractère construit des idées, à partir de l'expérience : « aucune pensée, aucune idée ne peut être communiquée en tant qu'idée par une personne à une autre personne. Quand elle est dite, elle est, pour la personne à qui elle est dite, un fait donné comme les autres, non une idée. La communication peut conduire l'autre personne à se poser elle-même la question et à imaginer une idée semblable... C'est seulement lorsqu'elle est aux prises avec les données du problème, en cherchant et en trouvant elle-même le moyen de s'en sortir, qu'elle pense » (p. 195).

L'apprentissage de la pensée réflexive est un objectif de l'éducation parce qu'elle permet l'action menée avec un but conscient et davantage de contrôle sur le résultat de l'action tout en favorisant la préparation systématique à l'action et en donnant du sens aux objets. La pensée qui n'est pas reliée à une plus grande efficacité de l'action ou à la connaissance de soi et du monde dans lequel on vit est défectueuse. Les savoir-faire constitués en dehors de la pensée sont marqués par l'absence de signification des fins pour lesquelles ils sont destinés et les savoirs coupés de l'action réfléchie sont morts (Dewey, 1975).

Pour l'enfant et pour la majorité des situations qui se présentent aux adultes, les conclusions auxquelles mène la pensée réflexive seront transférables d'autant qu'elles sont reliées au sens humain et social que prend l'expérience (Dewey, 1971).

L'intérêt comme source de l'apprentissage par l'expérience

Pour Dewey (1962), l'intérêt, qui est central à l'apprentissage par la pratique, est relié d'une part à la vie affective et d'autre part à la vie intellectuelle qui alors tend à se confondre avec la volonté. L'intérêt qui part de l'intérieur de l'enfant est la source de l'effort véritable. Lorsque l'obligation est la source de l'effort, l'intérêt interne est remplacé par un intérêt qui vient de l'extérieur : récompense, rétribution variée, etc. Si on replace ces remarques dans le cadre d'une pratique réflexive, on note que l'intention du praticien peut alors dévier de la résolution du problème vers la forme de rétribution que lui apportera l'action sur le problème. On peut alors penser en termes d'intention implicite et d'intention explicite. L'intérêt se traduit par l'activité tournée vers le monde extérieur et par l'attribution d'une valeur à l'objet de l'intérêt. Dans une perspective d'analyse des pratiques, comment faire en sorte pour que les éléments d'une situation problématique permettent au moi du praticien d'y trouver des éléments auxquels s'identifier en leur attribuant une valeur et en suscitant l'activité ? S'agit-il là de la naissance de l'intention ? La question de la valeur accordée à l'objet soulève aussi la question des valeurs personnelles et professionnelles qui constituent la trame de fond de l'action professionnelle.

Le caractère actif de l'intérêt vient de sa relation directe avec les besoins, tendances et impulsions de l'acteur. L'intérêt est naturel, organique, soulignait Dewey (1962), il fait partie de l'activité du moi. De plus, l'intérêt est toujours orienté vers quelque chose ; il fait ainsi le pont entre la subjectivité et le monde extérieur et se manifeste par une valeur accordée à l'objet d'intérêt. Le désir et l'effort sont deux phases de l'intérêt. L'effort naît de la tension entre un idéal recherché et les conditions qui permettraient de l'atteindre. (Dewey, 1962) alors que le désir est une force émotionnelle qui se traduit en activité. Intérêt et volonté ne s'opposent pas, ils sont dépendants l'un de l'autre.

Ainsi, Dewey accorde une place centrale à la transformation du réel, à l'expérience comme lieu d'intégration et d'expression de la personne humaine, de ses valeurs, de ses désirs, de son intérêt, de son intention et de sa réflexion. Cette expression intégrative prend toute sa dimension lorsqu'elle est conscience organisée par la réflexion.

Lewin : apprendre de la pratique par la recherche-action

Outre les pratiques méthodologiques de collecte d'informations sur lesquelles les propositions de Lewin[15] exercent encore aujourd'hui une influence majeure, d'autres retombées se font sentir au plan éducatif en raison des jalons que posent ses idées au regard de la relation entre théorie et pratique.

Perception, expérience, connaissance et apprentissage

Dans la pensée de Lewin, l'expérience revêt une place de choix. Toutefois, pour lui, l'expérience ne crée

[15] Plusieurs des travaux de Lewin sont fortement marqués par le contexte – celui de la seconde guerre mondiale – dans le cadre duquel ils ont été réalisés ; une attention toute particulière a ainsi été portée par ce chercheur israélite émigré aux Etats-Unis, à l'apprentissage des valeurs et de la démocratie et à la résolution de conflits intergroupes (Faucheux, 1967). C'est spécifiquement cette dernière préoccupation qui l'a conduit à se pencher sur des problèmes méthodologiques propres aux sciences humaines et sociales et à proposer une démarche scientifique de recherche-action.

pas automatiquement la connaissance[16]. Lewin soutient que posséder la connaissance appropriée, la théorie, ne signifie pas pour autant que la perception erronée de l'individu soit rectifiée. L'action étant guidée par la perception, pour qu'il y ait des modifications d'actions, de nouveaux faits et des valeurs inédites doivent être perçus par l'individu. Pour Lewin (1948), ces faits et valeurs ont alors à être acceptés comme une idéologie d'action. Pour que les conduites d'un individu soient modifiées, il importe donc que le nouveau système de croyances et de valeurs (qui sont marquées socialement) domine la perception individuelle. Dans la même veine, bien qu'il reconnaisse que suivre les expériences du passé est l'une des façons d'apprendre par l'expérience, il met en relief que l'apprentissage requiert fréquemment de ne pas reproduire des expériences antérieures ; il devient alors crucial d'être guidé par une analyse théorique de la situation actuelle (1964). Comme pour Dewey, l'apport de la théorie dans l'action paraît jouer un rôle extrêmement déterminant dans le pensée de Lewin bien que ce dernier n'explicite pas le statut de la réflexion dans cet apprentissage.

La contribution de Lewin dans le domaine de l'interaction théorie/pratique relève également d'autres travaux, ceux-là davantage marqués par des préoccupations méthodologiques.

La recherche-action

Dans ses travaux qui portent sur les relations inter-groupes, Lewin (1948) a fait face à des difficultés liées aux moyens d'assurer la scientificité des données issues de recherches en sciences humaines et sociales. C'est dans ce

[16] Pour Lewin (1948 ; 1967), il semble exister une très grande proximité entre le concept de connaissance et celui de théorie.

contexte qu'il a développé un type de recherche novateur qui mise sur la coopération entre praticiens et chercheurs : la recherche-action. L'un des principaux défis qui se sont posés à lui a trait aux moyens de recueillir des données afin d'aller plus en profondeur que ce que permettaient les techniques utilisées traditionnellement. Il en arrive ainsi à distinguer les entretiens de collecte d'information[17] des entretiens axés sur l'intervention, lesquels visent la modification de pratiques. Dans l'un et l'autre, la collecte d'information joue un rôle majeur. C'est précisément cette étape qui permet, selon Lewin, que la réflexion du praticien porte sur des faits qu'il qualifie d'« objectifs » plutôt que sur des émotions. Ainsi qu'il le précise (1948, p. 205-206), quatre fonctions sont inhérentes à la collecte d'information : (1) évaluer l'action : ses retombées sont-elles en deçà ou au-delà de ce qui était anticipé ? ; (2) fournir l'occasion d'apprendre en examinant les forces et faiblesses de certains moyens pris pour en arriver à une nouvelle prise de conscience ; (3) servir de base pour la planification ultérieure de l'action et (4) modifier le plan d'ensemble de l'action qui était prévue. Cette dynamique rejoint de près celle que propose Schön (1983) qui, de façon ultime, vise une plus grande efficacité des pratiques.

Les retombées de la collecte d'information qui relèvent plus directement de la formation découlent quant à elles de certaines pratiques utilisées en recherche. Alors que Lewin recourait à la collecte d'information dans l'intention d'obtenir des données scientifiques (*fact-finding interview*), il a introduit une modalité pour lui permettre de valider ses données écologiquement en recourant à une certaine forme de triangulation. À la suite

[17] Lewin utilise le terme « fact-finding ». Le recours à l'expression « collecte d'information » est une traduction libre.

de sessions de travail[18] enregistrées avec des groupes[19], il organise des séances d'évaluation au cours desquelles les observateurs-chercheurs rendent compte de leurs observations. À leur tour, les dirigeants des différents groupes de même que certains participants fournissent leurs commentaires sur la session d'intervention. Il a dû constater que ces rencontres d'évaluation, en apparence anodines pour les participants, avaient finalement des impacts sur eux : la recherche d'objectivité, les discussions ouvertes sur des erreurs, notamment, ont semblé conduire ces derniers à adopter une attitude moins rigide et moins chargée d'émotions, ce qui était difficilement atteint en dehors de ces conditions, et qui a contribué à améliorer les relations inter-groupes. C'est ainsi que Lewin tire la conclusion suivante : « nous devrions considérer l'action, la recherche et la formation comme constituant un triangle devant être pris comme un tout pour assurer l'intégrité de chacune de ses composantes » (Lewin, 1948, p. 211). La pratique initiée par Lewin annonce les ateliers de pratique réflexive que Schön propose.

Argyris et Schön : vers une science de l'action

Les travaux d'Argyris visent à créer un pont entre la science et la pratique. Pour lui, l'apprentissage comprend les étapes suivantes : (1) se plonger dans l'expérience, (2) y réfléchir, (3) en retirer des règles et (4) en vérifier la pertinence dans des situations similaires (Serre, 1996). La science action développée par Argyris et ses collaborateurs emprunte également aux travaux de Kurt

---

[18] Lewin recourt au terme « workshop ».

[19] Les groupes sont, dans le présent contexte, les sujets d'une recherche qu'il dirige.

Lewin, notamment dans les principes qu'il dégage pour la recherche action (Lewin, 1948). Pour Argyris et Schön, l'intégration de la connaissance et de l'action est exigeante: « l'action efficace requiert la production de connaissances qui croisent les disciplines traditionnelles avec autant de compétence et de rigueur que chaque discipline exige normalement » (Argyris et Schön, 1974, p. 3). L'action est définie comme la manière dont nous exprimons du sens et dont nous nous révélons aux autres et à nous-mêmes. Les essais, les erreurs et leur correction produisent l'apprentissage (Argyris, 1993). Cette science-action doit produire des connaissances utiles à l'action, qui indiquent les intentions de l'acteur, ce qui implique que les valeurs soient centrales (Argyris et coll., 1985 ; St-Arnaud, 1992, 1995, 1996).

Argyris et Schön (1974) notent la rupture fréquemment observée entre la théorie professée et celle qui est réellement utilisée dans l'action. Le praticien utilise parfois des stratégies pour éviter d'être confronté à cette rupture. Pour les gens qui pratiquent une même profession, la théorie professée varie alors que la théorie pratiquée varie peu. Il s'agit pour Argyris (1993) d'agir sur la théorie en usage pour que le praticien devienne plus compétent et efficace sans provoquer chez lui des réactions de protection qui bloqueraient l'apprentissage. La pratique réflexive peut être un moyen d'y arriver.

Schön et la pratique réflexive

Schön (1983) a observé la relation entre le savoir académique et la pratique professionnelle auprès de nombreux professionnels. Il a constaté qu'il existe un fossé épistémologique entre le savoir universitaire et le savoir professionnel. Le savoir universitaire n'est que peu ou pas applicable aux situations complexes qui caractérisent l'agir professionnel. Il pose la question de la nature de ce savoir professionnel. Schön (1983) propose « une approche épistémologique de la pratique fondée sur un examen attentif de ce que font certains praticiens » (p. VIII). Il a observé l'expert en situation d'aide professionnelle et a constaté que : (1) les praticiens compétents ont davantage de connaissances qu'ils ne peuvent en dire, (2) il n'y a pas de modèles de cette connaissance, (3) ces personnes utilisent une réflexion en cours d'action pour adapter leur pratique à l'unicité de la situation, (4) ce type de réflexion possède ses propres balises, incluant une rigueur comparable à celle de la recherche et de l'expérimentation, (5) qu'il est possible d'éduquer les praticiens inexpérimentés à cette pratique réflexive.

Schön (1983) parle du cadrage et du recadrage du problème comme d'une démarche par laquelle le professionnel précise les décisions à prendre, les objectifs à atteindre et les moyens qu'il utilisera. Les problèmes sont construits et reconstruits en agençant les éléments de la situation. Pour lui, la situation problématique est convertie en problème à résoudre par la donation de sens à une situation incertaine.

Dans les gestes quotidiens, il y a une connaissance-en-action qui est implicite et tacite. La réflexion est alors simultanée à l'action, stimulée par la surprise ou l'étonnement. Cette réflexion en cours d'action est au centre « de l'art par lequel les praticiens négocient efficacement avec des situations d'incertitude, d'instabilité, d'unicité et les conflits de valeurs qui les caractérisent » (p. 50) Cette connaissance dans l'action est construite par l'expérimentation dans la pratique. Le praticien possède un savoir-faire pratique, constitué de balises et de plans antérieurs à l'action. Ainsi, le praticien habile possède généralement un savoir plus grand que ce qu'il peut en dire. C'est la connaissance-en-action.

La réflexion en cours d'action s'affranchit des mots. Elle s'apparente au « feeling » du musicien de jazz qui improvise sa musique. Le praticien professionnel rencontre certains types de situations qui se répètent. « Il développe un répertoire d'attentes, d'images et de techniques. Il apprend quoi regarder et comment répondre à ce qu'il trouve » (Schön, 1983, p. 60). Ainsi, sa connaissance-dans-l'action devient progressivement implicite et spontanée ; il devient alors susceptible de passer à côté d'une occasion de réfléchir à ce qu'il est en train de faire, la surprise n'étant plus là pour motiver sa réflexion.

On peut susciter la réflexion en cours d'action du praticien afin qu'il puisse s'adapter aux situations nouvelles. Dans la réflexion en cours d'action, l'élément nouveau vient modifier le cadre initial du problème que le praticien reconstruit continuellement pour l'adapter à la situation présente. Le résultat de ce recadrage est comparable, selon Schön (1983), à la sensation potentiellement favorable ou défavorable qu'éprouve le maître d'échecs devant certaines configurations des pièces sur l'échiquier.

La réflexion en cours d'action implique l'expérimentation. La situation nouvelle est vue, évaluée et comparée aux situations antérieures similaires ; la réflexion s'adapte au caractère unique de la situation ; une action est posée. Il peut s'agir d'une expérimentation exploratoire, sans qu'il y ait de prédiction. Une action peut aussi être posée afin de provoquer un changement non attendu. Une autre forme d'expérimentation permet de vérifier une hypothèse.

L'expérimentation en action n'est guère différente de celle effectuée dans un contexte de recherche. Cependant, le praticien cherche davantage à transformer la situation : il vise la compréhension dans un but de transformation. Il développe sa capacité de construire une représentation de son monde pratique. La capacité de « voir comme si » permet l'émergence d'idées nouvelles attribuées traditionnellement à la créativité ou à l'intuition.

L'expérimentation du praticien n'est pas objective : c'est un dialogue avec la situation dans laquelle il est un agent de changement ; il en fait partie. La connaissance ainsi produite est contextualisée, non généralisable, mais transférable à des situations qui présentent un haut degré de similarité. La perception de ce degré de similarité permet un cadrage rapide et efficace du problème que pose la situation.

L'interaction des limites du rôle et des théories de l'action modifie l'habileté du praticien à percevoir les erreurs de son action et l'angle sous lequel se déroule sa réflexion en cours d'action. Ainsi le praticien « a une liberté considérable de choisir les limites du rôle qu'il adoptera et la théorie de l'action selon laquelle il se comportera. En fonction de ces choix interdépendants, il augmentera ou réduira son aptitude à la réflexion en cours d'action » (p. 235).

Implications pour l'intégration de la pensée réflexive à la formation

Ce survol des origines du concept de pratique réflexive nous indique d'abord qu'on ne peut isoler la réflexion sur la pratique de l'ensemble du processus d'apprentissage, notamment de l'intérêt de l'apprenant, de ses désirs, de ses valeurs, de la qualité de sa réflexion et de sa capacité de transférer les connaissances qu'il construit. La pratique réflexive s'inscrit dans une continuité où l'intérêt et l'effort pour atteindre un résultat souhaité dans une situation font partie de la complexité de l'expérience et de l'apprentissage par l'expérience. On peut cependant s'interroger pour savoir si l'organisation des lieux et des temps d'apprentissage, en milieu éducatif ou scolaire, favorise cette pratique réflexive, notamment la division des domaines d'apprentissage, leur segmentation linéaire dans le temps et la faiblesse des liens entre les apprentissages proposés et les problèmes réels que peuvent rencontrer les apprenants.

Dans certains dispositifs de formation professionnelle, comme la formation des enseignants au Québec, le concept de pratique réflexive est fort utilisé. Cependant, cet accent mis sur l'apprentissage par une pratique réflexive s'oppose souvent avec ce que l'étudiant a expérimenté dans les cycles de formation précédents et dans les cours qu'il suit à l'Université. Il est intéressant de se demander si, dans plusieurs dispositifs de formation, l'intégration de moyens tels que la pédagogie par projets et la résolution de problèmes, le décloisonnement des groupes classes et la mise en place de cycles pluriannuels, par exemple, peut favoriser l'apprentissage par la réflexion et la pratique et le transfert des acquis à d'autres contextes. Peut-être s'agit-il là de pistes d'action prometteuses. Il est néanmoins possible de se demander si l'apprentissage par la réflexion et la pratique nécessite qu'une rupture plus radicale soit marquée par rapport à certaines pratiques pédagogiques qui relèguent au second plan l'apprenant, dans son entièreté, pour accorder préséance au formateur.

Références bibliographiques

Argyris C. (1993), *Knowledge for action. A guide to overcoming barriers to organizational change*, San Francisco : Jossey-Bass.

Argyris C., Pulnam R., et McLain Smith D. (1985), *Action science. Concepts, methods and skills for research and intervention*, San Francisco, CA : Jossey-Bass.

Argyris C. et Schön D. A. (1974), *Theory in practice : increasing professional effectivenes*, San Francisco : Josey-Bass.

Dewey J., (1916), *Democracy and Education. An Introduction to the Philosophy of Education*, New York : Macmillan.

Dewey J. (1975), *Démocratie et éducation*, Paris, Armand Colin.

Dewey J. (1929), *The quest for certainty : study of the relation of knowledge an action*, New York, NY : Minton, Balch et Compagny.

Dewey J. (1938), *Experience and nature*, New York : Dover.

Dewey J. (1962), *L'École et l'enfant*, Paris : Delachaux et Niestlé.

Dewey J. (1963), *Experience and education*, New York : Collier.

Dewey J. (1971), *How we think*, Chicago : H. Regnery.

Faucheux C. (1967), « Introduction », in Lewin K. *Psychologie dynamique*, Paris, PUF.

Lewin K. (1948), *Resolving Social Conflicts*, New York, NY : Harper & Row, Publishers.

Lewin K. (1964), *Field Theory in Social Science*. New York, NY : Harper & Row, Publishers.

Lewin K. (1967), *Psychologie dynamique*, Paris : Presses Universitaires de France (3e édition).

Maillebouis M., et Vasconcellos M.-D. (1997), « Un nouveau regard sur l'action éducative : l'analyse des pratiques professionnelles », in *Perspectives documentaires en éducation, 41,* 35-67.

Schön D. A. (1983), *The reflective practitioner.* New-York : Basic Books.

Schön D. A. (1987), *Educating the reflective practitioner,* San Francisco : Jossey-Bass.

Serre F. (1996, août), « L'expérience, une piste pour développer la complicité au cœur de la recherche et de la formation », Article présenté au colloque *Recherche et formation : une complicité à créer,* UQTR, Trois-Rivières.

St-Arnaud Y. (1992), *Connaître par l'action,* Montréal : Presses de l'Université de Montréal.

St-Arnaud Y. (1995), *L'Interaction professionnelle. Efficacité et coopération,* Montréal : Presses de l'Université de Montréal.

St-Arnaud Y. (1996, octobre), « Recherche sur ou dans la pratique ? », Présentation faite au séminaire de doctorat de la faculté des sciences de l'éducation de l'Université de Sherbrooke.

5

L'analyse réflexive et l'éducation : un état des lieux - perspectives nord-américaines -

Gérald Boutin

L'analyse réflexive a pris au cours de ces dernières années une ampleur tout à fait exceptionnelle tant dans le domaine de l'éducation que dans celui des sciences sociales[20]. Ce courant qui est, selon Schön (1987), « une sorte de révolution », connaît effectivement une très grande vogue et il n'est donc pas étonnant que de plus en plus de théoriciens et de praticiens tentent de s'en inspirer dans le dessein de concilier les savoirs théoriques et pratiques. En dépit de cet engouement, il faut bien reconnaître cependant que la terminologie qui entoure la notion même de *réflexivité* est loin d'être claire. On est en droit de se demander, en effet, quel est le sens véritable, par exemple, d'une expression coutumière comme celle-ci « *encourager le praticien à devenir réflexif* ? » ou encore comme celle-là « *réfléchir sur l'action ou en cours d'action* ? ». Devenues presque des slogans, de telles

---

[20] Au Québec, par exemple, la plupart des programmes de formation des enseignants s'inspirent de cette approche, du moins sur le plan théorique.

formules revêtent des significations parfois très différentes selon les auteurs qui les emploient. Partant de là, il nous paraît donc pertinent de procéder à une analyse qui sera nécessairement sommaire, étant donné l'espace dont nous disposons, des apports et des limites de la réflexivité à l'éducation - avec l'espoir tout de même de contribuer un tant soit peu au débat qui entoure cette question.

Ainsi donc, après avoir retracé dans les grandes lignes les caractéristiques de ce courant, nous tenterons de circonscrire la place qu'il occupe aujourd'hui dans le monde de l'éducation, cela tant sur le plan théorique que technique. Dans un dernier temps, nous mettrons l'accent sur certaines limites de la réflexivité qui relèvent non seulement de ses bases épistémologiques mais également de « mésinterprétations » ou d'excès de la part de ceux qui s'en réclament. Peut-être en arriverons-nous alors à mieux saisir ce qui se cache derrière l'apparent consensus qui semble entourer cette approche pédagogique et à mettre en perspective quelques-uns des principaux éléments de son apport véritable.

Les grandes caractéristiques de la réflexivité

Il convient de rappeler avant tout ici que le « tournant réflexif » a pris son essor, pour ce qui est de l'Amérique du Nord du moins, à partir des années 1980. Dans la foulée des travaux de Schön (1983, 1987), plusieurs chercheurs et praticiens se sont employés à appliquer les principes de la *réflexivité* et à en vérifier le bien-fondé. Très rapidement, ce courant a pris une ampleur considérable comme nous le verrons plus loin. Brièvement, on pourrait ramener ses grandes caractéristiques à quelques paramètres essentiels, à savoir : la volonté de conciliation entre les connaissances théoriques et l'expérience pratique, la part centrale octroyée à l'acteur dans le processus d'apprentissage, la prise en compte du contexte dans lequel se situe l'action et enfin, la nécessité de partager son expérience personnelle avec ses pairs. Les Américains parlent même de « rencontres de réflexivité ».

Un concept fluide aux sources multiples

Le concept même d'*analyse réflexive* est plutôt fluide, voire difficile à cerner, polysémique même. On parle souvent à son sujet, par exemple, d'enquête critique et d'auto-évaluation, sans se donner la peine d'établir les distinctions nécessaires entre ces diverses notions. Pour sa part, Calderhead (1989, p. 44) a identifié trois conceptions de la notion de réflexivité :

a) celle de Dewey qui met l'accent sur la recherche rationnelle, consciente, de solutions à certains problèmes concrets,

(b) celle de Schön qui se concentre sur les notions de réflexion en action (*reflection-in-action*) et de réflexion sur l'action (*reflection-on-action*), toutes deux supposant chez la personne qui tente de résoudre des problèmes complexes et ambigus, l'existence d'habiletés interactives et interprétatives et enfin,

(c) celle de l'école sociale de Francfort, dont Habermas est l'un des principaux représentants. Ce dernier, rappelons-le au passage, considère la réflexion comme étant un processus destiné à faciliter avant tout l'autodétermination du sujet réfléchissant et sa posture face au monde qui l'entoure.

Il va de soi que ces diverses conceptions conduisent à des prises de position et à des pratiques assez différentes sous certains aspects. Ainsi, en y regardant de plus près, on peut constater que la définition que donnait déjà Dewey (1933, p. 9) de ce concept de *réflexion* illustre bien la centration sur la recherche d'une solution à un problème donné. « *La réflexion,* écrit-il, *est une prise en compte active, persistante et attentive de toute croyance ou connaissance à la lumière des fondements qui la sous-tendent et de la conclusion à laquelle elle tend* ». Dans le même ouvrage, il établit une distinction entre d'une part ce concept qui sous-entend un « *mouvement de la conscience* » et de l'autre, l'expérience courante, quotidienne. Il considère l'action fondée sur la réflexion comme une action intelligente, qui tient compte des justifications et des conséquences, contrairement à une action impulsive, aveugle. À ses yeux, tout le processus en question part d'une incertitude, d'un flou, et il est guidé par la conception que le sujet se fait d'un but ou d'une fin à atteindre. Mais tout cela suppose l'acquisition de capacités intellectuelles : ouverture d'esprit, habileté à penser et à raisonner de façon correcte.

Pour sa part, Schön, dont la contribution au mouvement de la réflexivité est de l'avis de tous déterminante (plusieurs le considèrent même comme le père de la réflexivité) emprunte à Dewey l'expression de « *réflexion* » et la complète à sa façon en créant une nouvelle appellation : la « *réflexion-en-action* ». Dès le début de ses travaux, ce chercheur du Massachusetts Institute of Technology (M.I.T.) a insisté sur le fait qu'il ne fallait pas considérer l'activité professionnelle comme une science appliquée dans laquelle les théories des sciences seraient mises en œuvre dans des situations pratiques. Une telle position minimise, pense-t-il, le processus de réflexion en action (*reflection-in-action*) qui constitue à ses yeux une *conditio sine qua non* d'un apprentissage véritable. Ce type de réflexion doit être considéré, selon lui, comme l'exercice d'habiletés interactives et interprétatives qui permettent de procéder de façon pertinente à l'analyse problèmes complexes et éventuellement à leur résolution.

Sur un plan plus concret, les « professionnels » de l'éducation, soutient encore Schön, sont appelés à modifier et remodifier un problème donné au fur et à mesure qu'ils y travaillent, testant leurs interprétations et hypothèses, combinant réflexion et action. La réflexivité serait donc alors selon ses propres termes : « une conversation interactive avec le contenu d'une situation, étant entendu que chaque personne : (a) travaille sur son propre rôle en émergence,(b) est attentive aux "surprises" qui résultent des mouvements antérieurs,(c) répond par une "théorie" qui donne de nouvelles directions à son développement » (1987, p.31)[21].

Au cours de ses derniers travaux[22], prenant toujours en compte les liens qui existent entre la pensée réflexive et l'action, Schön s'est penché davantage sur les dimensions temporelles de cette interrelation. Il insiste sur le fait que, selon son point de vue, l'expression consacrée de *réflexion-en-action* comporte *de facto* un élément de simultanéité entre la réflexion spontanée et l'action elle-même. Cette situation sous-entend que le professionnel a atteint un stade où il est en mesure de penser de façon consciente à ce qui est en train de se passer et de modifier son action instantanément, du moins sur le plan virtuel. La plupart des autres auteurs s'entendent également sur la nécessité d'effectuer un

---

[21] Il existe, à vrai dire, plusieurs niveaux de réflexivité. Ce concept peut désigner : (1) un premier niveau, dit *technique*, qui vise avant tout l'efficacité, (2) un deuxième niveau, dit *pratique*, qui interpelle le choix des moyens et de fins et enfin (3) un troisième niveau, désigné sous l'appellation de *réflexion critique*, qui englobe les deux niveaux précédents et ouvre sur la prise en compte de critères moraux et éthiques.

[22] Schön est décédé en 1997.

retour sur une action donnée le plus tôt possible après qu'elle ait eu lieu au risque de ne plus être en mesure de la soumettre à une véritable réflexion. C'est ainsi qu'on parlera alors de *réflexion -sur -l'action* pour bien indiquer qu'il s'agit d'une réflexion *a posteriori* et pour la distinguer de la réflexion en cours d'action qui, elle, est marquée du sceau de l'actualité, de l'immédiateté.

À vrai dire, la pensée réflexive emprunte à de nombreuses sources : constructivisme, théories de la pensée critique, de la motivation et de l'accompagnement[23]. Calderhead (1989) et Hall (1997), de leur côté, tentent d'établir une synthèse de ce mouvement. Ils en viennent à établir des rapprochements fort pertinents entre la pensée d'Habermas (1973) et celle de Schön. Ils font remarquer, par exemple, que ces derniers auteurs accordent à la direction que donne un individu à son action contribue à en assurer véritablement la qualité et qu'ils établissent également une distinction entre la réflexion courante et la réflexion dite « critique ». L'une des sources les plus importantes de ce courant réside dans l'influence de l'école de recherche sociale de Frankfort sur la pensée pédagogique américaine depuis plusieurs années déjà.

Sans doute peut-on voir dans la multiplicité de ses sources, l'une des raisons pour lesquelles il est si difficile de s'entendre sur une définition qui soit satisfaisante pour tous. Calderhead (1989) insiste pour sa part sur le fait que les auteurs dont nous venons de parler traitent du processus, du contenu, des conditions et du produit de la réflexion de façon parfois assez différente. Tout en prenant en compte cette limite incontournable, nous allons

---

[23] Van Manen (1977) retrace trois mouvements philosophiques à la base de la réflexivité : l'empirisme analytique, la critique dialectique et l'herméneutique phénoménologique.

tout de même tenter de dégager certaines lignes de force qui semblent recueillir, pour l'essentiel du moins, l'assentiment de nombreux praticiens et chercheurs qui se réclament de cette école de pensée.

Les étapes de la démarche réflexive

Il semble bien difficile de passer en revue les principaux champs d'application de la pensée réflexive sans rappeler, ne serait-ce que de façon sommaire, les principales étapes qui balisent ce processus. Plusieurs auteurs ont en effet proposé l'adoption d'étapes destinées à faciliter la pratique réflexive. Peters (1991, pp. 91-95), pour sa part, en propose quatre et les résume ainsi : décrire, analyser, théoriser et agir - qu'il désigne sous l'acronyme DATA (décrire, analyser, théoriser et agir).

La première étape se centre sur le problème, la tâche, l'incident représentant quelque aspect critique de la pratique que l'éducateur veut changer : il est convenu qu'il décrive le mieux possible la situation, le problème, en question. Par exemple, si un enseignant veut devenir moins directif et plus ouvert et centré sur la personne, il doit identifier le contexte dans lequel il intervient, comment il se sent par rapport à l'approche directive, et les raisons qui l'amènent à changer. Il devra donc passer au préalable par une phase d'observation systématique pour recueillir les données sur une réalité complexe à partir d'une idée directrice de ce qu'il veut observer : c'est la phase descriptive à visée objectivante qui permet de décrypter les pratiques, en somme, une phase d'objectivation des processus observés.

Dans une seconde phase, cet enseignant procède à l'analyse : il doit identifier les facteurs qui caractérisent son approche actuelle. Une part importante de cette étape consiste à identifier les hypothèses qui sous-tendent cette approche et à mettre en lumière les croyances, les règles et les motifs qui gouvernent l'enseignement et l'apprentissage. Pour ce qui est de l'exemple que utilisons ici, cela signifie que l'enseignant devra s'employer à déceler la théorie qui se cache sous son approche qu'il qualifie lui-même de « directive ».

La troisième étape de ce processus comprend la théorisation au sujet des possibilités de transformer la première façon de faire en une nouvelle. À ce stade, l'enseignant développe une nouvelle théorie qui va sous-tendre son approche qu'il veut plus collaborative.

Finalement, il va mettre en action, expérimenter, sa nouvelle théorie. Le but visé, à cette étape, sera de minimiser les différences entre la théorie adoptée et la théorie pratiquée, mais cela ne se fera que par le moyen de la pensée et de la réflexion.

Ces diverses étapes sont de plus en plus connues des intervenants soit en sciences de l'éducation soit en sciences sociales. Elles ont été enrichies par de nombreuses contributions comme le rappelle Mezirow (1990) sur la réflexivité critique et de nombreuses autres contributions qui visent à affiner la façon dont cette démarche se met en place, se déploie et s'évalue. Tout au long du *parcours réflexif*, il ne faut pas perdre de vue que cette approche accorde à l'action, au savoir-agir, une part déterminante.

C'est le « savoir en action » ou *learning by doing* popularisé par Dewey, qui occupe ici une place centrale. L'approche réflexive, du moins dans la version qu'en propose Schön, s'inspire largement de cette notion et repose sur une prise en compte de l'expérience concrète ; elle s'appuie aussi il ne faut pas l'oublier sur la conviction que l'acteur doit prendre en compte son expérience avant de tenter de la partager avec les autres. Les étapes qui lui servent de fil conducteur ne doivent en aucun cas être considérées comme linéaires, mais bien comme circulaires, cycliques : il est recommandé d'effectuer un mouvement d'aller-retour afin de vérifier si le processus de réflexivité se déroule au mieux[24].

Les divers domaines d'application en éducation

Comme on le sait, l'approche réflexive est utilisée dans de nombreux contextes et elle sert de référence à des pratiques très diverses. La plupart du temps, cette démarche se présente comme une référence incontournable dans le domaine de la formation des enseignants et des autres personnels scolaires. Mais son influence ne s'arrête pas là : elle touche de nombreuses autres pratiques pédagogiques, à savoir : la recherche-action, la supervision de type clinique, le « mentorat », l'éducation des adultes, et autres. Très axée sur l'action, sur le faire, elle recourt à de nombreux outils de travail : le jeu de rôle, le journal de bord et la carte conceptuelle (Boutin, 1999), pour n'en nommer que quelques-uns.

L'enseignement réflexif et la formation des enseignants

Il n'est pas exagéré de dire, comme le note (Adler, 1991), que le courant réflexif est devenu l'un des sujets privilégiés des formateurs d'enseignants. C'est peut-être dans ce domaine que l'analyse réflexive a le plus influencé les pratiques des formateurs des maîtres. À cet égard, il faut dire que les réformes des systèmes éducatifs amorcées dans de nombreux pays constituent un terrain favorable pour de nombreuses innovations et incitent les pouvoirs publics à réviser les modalités courantes de formation des enseignants.

---

[24] Plusieurs auteurs parle d'un dialogue entre le concret et l'abstrait, d'un aller-retour de l'action à la réflexion, de la prise de conscience à l'expérience.

Par ailleurs, les raisons qui semblent militer en faveur de l'adoption de cette approche pédagogique par de nombreux formateurs et qui en expliquent, en partie du moins, la vogue sont nombreuses. Disons d'abord que le courant réflexif s'appuie sur un référent théorique assez simple, ancré dans la pratique et se rapprochant sous plusieurs aspects du processus bien connu des pédagogues de la résolution de problèmes. En outre, l'approche réflexive permet aux formateurs de maîtres de développer un langage commun même si, comme nous l'avons rappelé, on ne s'entend pas toujours sur le sens à donner à certains concepts.

La recherche-action

Le domaine de la recherche-action a été régénéré, si l'on peut dire, par l'avènement de la pensée réflexive, comme nous l'avons déjà souligné ailleurs (Boutin, 1993, 1998). Le cercle réflexif, comme il est coutume de l'appeler, revêt certains avantages quand il s'agit d'aborder un problème qui interpelle le terrain de pratique et qui exige souvent une solution à court terme. Dans un tel contexte, la définition de la problématique et des objectifs de la recherche n'est pas élaborée à partir d'une théorie donnée ou d'hypothèses préalablement établies, elle relève plutôt de la nécessité d'étudier une situation ou une pratique concrète. Ruth Canter-Kohn (1982, p.69) résume bien la contribution de la réflexion à ce type de recherche quand elle écrit : « Les connaissances acquises sont censées être investies directement et immédiatement dans l'action, l'action doit être constamment objet de réflexion ». C'est ainsi, pourrions-nous ajouter que le chercheur abandonne son rôle d'observateur externe, qu'il s'attribue habituellement, pour adopter une attitude participante, empathique, en interaction directe avec le milieu dans lequel se déroule le projet en question.

Pour tout dire, il s'agit en l'occurrence, comme le proposent Zeichner et Tabaschnick (1991), de recueillir le plus d'information possible au sujet du problème à l'étude, d'examiner et de réfléchir sur les données collectées, de planifier une action fondée sur cette information, de procéder à l'expérimentation de cette action ainsi qu'à son évaluation. Comme c'est le cas dans une situation d'apprentissage donnée au cours de laquelle on se centre sur les besoins de l'apprenant, en tenant compte de la part essentielle qui lui revient, l'approche réflexive appliquée à la recherche-action place les praticiens au centre du processus de recherche. Il leur incombe alors de définir, d'analyser et de tenter de résoudre les problèmes qui les confrontent, accompagnés, encadrés et soutenus dans certains cas par des chercheurs chevronnés qui évitent de se cantonner à leur rôle d'experts.

La supervision de type clinique et l'encadrement des étudiants

L'approche réflexive occupe à l'heure actuelle une part importante dans le domaine de la supervision de type clinique au Québec. Elle permet d'articuler de façon plus satisfaisante l'observation comme telle et la rétroaction : superviseur et supervisé sont alors mieux en mesure de développer des référents communs et d'en arriver à un dialogue véritable. L'un comme l'autre sont alors davantage portés à mettre l'accent sur le processus d'apprentissage, sur les situations réelles, plutôt que sur les seuls résultats visés.

Une telle démarche favorise l'échange, la discussion et, surtout, la mise en commun d'éléments qui contribuent à l'amélioration des pratiques en question. Il n'est donc pas étonnant qu'elle soit très appréciée dans le domaine de l'encadrement d'étudiants en formation ou en supervision de mémoires ou de thèses. Elle contribue, estime-t-on, à une meilleure appropriation des savoirs ainsi qu'à un développement maximal de l'autonomie chez les personnes concernées. Enfin, les étapes qui caractérisent ce type de démarche étant connues des acteurs, le processus d'encadrement et de supervision se développe à un rythme plus adapté aux besoins et aux perceptions de chacun des partenaires.

L'éducation des adultes

Depuis bon nombre d'années, l'éducation des adultes recourt largement elle aussi à la réflexivité. Certains auteurs estiment que cette approche est tout à fait appropriée pour des sujets qui possèdent déjà des habiletés de base ainsi qu'une expérience assez importante. De telles dispositions facilitent alors chez eux non seulement une réflexion en cours d'action mais également une réflexion sur leurs actions antérieures. Il s'agit effectivement d'un domaine dans lequel prédomine souvent une obligation de résultats tangibles, souvent à court ou moyen terme. Il est donc de leur intérêt que les formateurs utilisent au mieux leur expertise quand il s'agit d'affronter des problèmes ou des situations reliées à des pratiques bien circonscrites.

En réalité, cependant, plusieurs interventions prennent place dans des contextes souvent marqués par une grande part d'ambiguïté ou de complexité. Il arrive souvent que les formateurs se retrouvent face à la nécessité de devoir choisir rapidement entre plusieurs possibilités en ce qui concerne la nature des problèmes pratiques et la façon de les résoudre. Il leur faut alors être en mesure, estime Schön (1987), de puiser à même leur répertoire d'expériences passées s'ils veulent être en mesure de donner du sens à la situation qui se présente à eux dans toute son immédiateté. Une telle disposition devrait leur permettre d'être mieux en mesure de faire des choix éclairés en ce qui concerne leurs actions ultérieures.

Une telle façon de procéder, estiment plusieurs auteurs, contribue à combler les écarts qui existent entre les théories annoncées et les théories professées.

Sur le plan des outils de formation

Manifestement, l'analyse réflexive recourt à un ensemble impressionnant d'instruments de formation. Citons à titre d'exemples : la tenue de journal, le jeu de rôle, la carte conceptuelle, analyse des incidents critiques, étude de cas clinique, etc. La plupart de ces instruments visent à inciter le sujet à travailler sur sa propre réflexion sur sa pratique avant même de la partager avec ses propres collègues. Ils requièrent de la part de la personne concernée une bonne connaissance de la démarche réflexive et la motivation nécessaire pour l'appliquer à sa pratique. En réalité, on reconnaît que ces instruments développent surtout la réflexion sur l'action, une fois donc qu'elle a eu lieu. Leurs utilisateurs espèrent qu'il s'opérera un transfert vers la réflexion en cours d'action (in-action). Les avis sur le sujet sont toutefois partagés. Ainsi plusieurs auteurs, dont Reed et Procter (1993), soulignent que les principales techniques ou procédés auxquels on recourt pour favoriser la réflexion sur l'action sont essentiellement fondées sur des écrits. C'est là une limite à laquelle nous reviendrons après avoir décrit quelques-uns des instruments les plus utilisés actuellement par les tenants de l'approche réflexive.

Le journal réflexif

C'est l'instrument qui recueille sans doute le plus d'adeptes dans le domaine de la formation des maîtres et des autres domaines qui recourent à l'utilisation de l'approche réflexive. Le journal de bord en question permet de dépasser la simple mise à plat des événements vécus au cours d'un stage donné et de les soumettre à une analyse approfondie. Sa rédaction est le plus souvent encadrée par les formateurs eux-mêmes qui préconisent de plus en plus le recours à la méthode de l'incident critique dont il convient de rappeler quelques-unes des caractéristiques.

Cette méthode, cette technique, devrait-on dire, comporte les éléments suivants : (a) une brève description de la situation vécue, (b) les questions ou les interrogations qu'un tel incident suscite, (c) les concepts qu'il évoque, (d) les voies de solutions empruntées et enfin (e) les résultats auxquels en arrivent les personnes concernées par cet événement. Bien évidemment, il existe plusieurs factures de ce type d'outil pédagogique. Les praticiens et les chercheurs qui en recommandent l'usage s'appuient sur la certitude qu'il donne au stagiaire l'occasion de développer une plus grande capacité d'autonomisation et de se préparer à un partage d'expérience avec ses collègues et les personnes chargées de la supervision de son stage.

Le jeu de rôle

La démarche réflexive fournit au jeu de rôle de type pédagogique des assises dans ce sens qu'elle donne à l'intervenant la possibilité de suivre les étapes dont nous avons parlé en attirant l'attention du sujet sur l'expérience telle qu'elle a été vécue, de procéder à son analyse, de nommer les éléments constitutifs de cette expérience et enfin, de procéder à la mise en place d'une démarche plus pertinente si tel est le cas.

Pour notre part, nous utilisons depuis plusieurs années ce type de jeu de rôle dans le cadre d'une formation destinée aux enseignants associés (maîtres formateurs) et aux superviseurs de stages. Les résultats de cette formation apparaissent tout à fait probants. Ainsi utilisé, le jeu de rôle prend une allure moins menaçante, aux yeux de certains, puisqu'il met l'accent davantage sur les éléments factuels, sur une expérience donnée, plutôt que sur les dimensions intra-psychiques.

Les réseaux informatisés d'enseignement-apprentissage (TIC)

Depuis quelques années, les réseaux (forums d'échange et de discussion) sont de plus en plus populaires dans le domaine de la formation des enseignants. Un bon nombre des méthodes dont nous brossons ici les contours sont utilisées dans ce cadre. Elles contribuent à faciliter la réflexion des étudiants sur leurs pratiques et à communiquer les résultats de cette réflexion à leurs correspondants. En outre, de tels réseaux donnent aux superviseurs de stages, entre autres, la possibilité de procéder à séminaires de discussion en collaboration très étroite avec les étudiants qui effectuent un stage parfois en des endroits éloignés de l'université ou du centre de formation. Nous avons, en collaboration avec des collègues (Des Lierres et al., 2000), participé à une expérience très probante dans le cadre d'un projet de recherche destiné à vérifier le bien-fondé d'une démarche d'encadrement d'étudiants qui effectuaient un stage dans des écoles réparties sur tout le territoire québécois. Il nous a été permis de constater les limites de ces réseaux pour ce qui est des dimensions interpersonnelles entre formateurs et formés.

Les études de cas

Les tenants de l'approche réflexive ont parfois recours aux études de cas comme moyen d'améliorer la capacité à réfléchir des personnes qu'ils ont pour mandat de former ou d'encadrer. Il s'agit en l'occurrence d'une activité structurée qui consiste à demander aux participants de choisir un problème qui leur paraît représentatif de leur pratique, un problème qu'ils ont réussi à résoudre ou auquel ils sont toujours confrontés et de présenter sou forme d'étude de cas. Les questions auxquels ils sont invités à répondre rejoignent dans les grandes lignes celles que nous avons exposées dans le cadre du journal réflexif, à savoir : quelle était la nature du problème rencontré ? À quelles solutions ont-ils pensé emprunter pour le résoudre ? Quelles ont été les démarches entreprises à cet égard ? À quelle conclusion en sont-ils venus ? Et enfin, quel jugement portent-ils maintenant sur l'ensemble de toute cette démarche ?

Une fois ces études de cas complétées sous la direction du formateur, les participants à ces séminaires de formation sont invités à les présenter à leurs collègues afin de recueillir leurs avis et suggestions. Très souvent, les auteurs de ces études de cas recourent à la démarche privilégiée lors du rapport d'incidents critiques. L'avantage des études de cas réside, entre autres, dans le fait que le partage entre collègues donne un sens à l'écrit et en réduit les dimensions parfois répétitives.

Ce ne sont là bien sûr que quelques exemples des nombreuses stratégies ou modalités destinées à favoriser le développement de la pensée réflexive. Nous pourrions ajouter à cette liste l'usage du portefeuille de réalisation (portfolios), l'entretien réflexif, etc. Tous ces instruments ou outils sont des moyens destinés à promouvoir le développement d'une pratique professionnelle qui se veut de plus en plus éclairée. Ils visent en outre à remettre au formé le choix de ses objets de réflexion ainsi que des moyens qu'il entend prendre pour améliorer sa pratique. Cette marge de liberté doit forcément être prise en compte quand il s'agit pour le formateur de préconiser l'usage de tel ou tel instrument, de telle ou telle stratégie.

Avantages et limites de l'approche réflexive

Il serait dommage de sous-estimer la contribution des travaux de Schön et de ses émules à l'éducation et notamment à la formation des intervenants. Le courant réflexif a largement contribué à mettre en évidence la part de l'acteur dans l'acquisition des connaissances et des habiletés de base sur le plan cognitif. En revanche, il nous faut bien signaler certaines limites, notamment sur le plan de son application et de ses fondements épistémologiques. Certains auteurs (Zeichner et Tabaschnick, 1991; Hall & al., 1997) soutiennent qu'une trop grande insistance sur la réflexivité peut aliéner les néophytes qui ne possèdent pas encore les éléments nécessaires pour s'engager à fond dans une telle démarche. À cet égard, comme le note Haddock (1997), la réflexion critique, si elle est pratiquée à des moment inappropriés et de façon trop intense, peut conduire à douter de soi et à vivre un sentiment d'impuissance. D'autres auteurs soulignent que l'attention trop exclusive portée à l'action ou « au savoir en action », à l'observable, risque de se faire au détriment des dimensions subconscientes et affectives reliées au processus de l'apprentissage. Ecclestone (1996) s'interroge pour sa part sur les applications étroites et techniques de cette approche et propose, à juste titre, que les visées et les domaines de la réflexion soient davantage définis de telle sorte que la réflexion soit plus ouverte et plus porteuse. La nécessité d'assurer aux personnes qui sont invitées à réfléchir sur leur pratique un soutien et un accompagnement adaptés n'échappera donc à personne. Il faut enfin se rendre à l'évidence que certaines personnes résistent à s'engager dans un processus qui risque de déboucher sur des changements qu'elles appréhendent : là comme ailleurs, il n'est pas facile d'obtenir l'adhésion des acteurs. Enfin, le fait de recourir à l'écriture de journaux de bord ou de récits de vie, par exemple, peut contribuer à la montée de résistances. Écrire n'est-ce pas se dévoiler et offrir le flanc à la critique.

Conclusion

Pour conclure cette brève vue d'ensemble de la réflexivité, on peut dire que la pensée réflexive, telle qu'elle est utilisée dans le domaine de l'éducation, définie et justifiée de diverses façons, influencée enfin par une grande variété de valeurs, exerce actuellement une influence sur de nombreuses pratiques pédagogiques. Malgré son apport évident, il appert que cette approche se révèle beaucoup plus complexe qu'il pourrait y paraître à première vue et qu'elle ne saurait être pratiquée sans une connaissance réelle de ses avantages et de ses limites. On devrait s'attarder à vérifier dans quelle mesure, par exemple, les acquis réflexifs perdurent une fois la formation de base acquise ou encore à étudier de plus près la pertinence de tel ou tel instrument destiné à faciliter la réflexivité. Là comme ailleurs, seule une pensée critique, dialectique, peut contribuer à faire un tant soit peu progresser la pensée pédagogique. Il serait souhaitable, nous semble-t-il, de poursuivre une réflexion critique sur les sources mêmes du courant réflexif, une méta-réflexion en quelque sorte, qui permettrait non seulement de lever le voile sur plusieurs de ses aspects qui demeurent pour l'instant encore trop nébuleux. Bref, l'approche réflexive n'est pas une panacée et le flou qui l'entoure en limite forcement l'usage. Comme toute démarche de ce type, elle constitue cependant une grille de lecture, porteuse à certains égards, d'une réalité dont la complexité ne saurait échapper à personne.

Références bibliographiques

Adler S. (1991), « The reflective practitioner and the curriculum of teacher education », *Journal of Education for Teaching*, vol. 17, n° 6, 139-150.

Boutin G. (1993), « Les recherche sur la triade et leur contribution à la formation des enseignantes et des enseignants », dans H. Hensler (éd.), *La Recherche en formation des maîtres, détour ou passage obligé sur la voie de la professionnalisation*, Sherbrooke, Éditions du CRP, 235-251.

Boutin G. (1998), « L'apport de la recherche- action à la construction de nouveaux savoirs méthodologiques », *Les Recherches enseignées en espaces francophones*, vol. 1, n° 1, 49-63.

Boutin G. (1999), « L'apport de la carte conceptuelle à l'analyse des pratiques professionnelles », in Blanchard-Laville C., Fablet D. (coord.), *Développer l'analyse des pratiques professionnelles dans le champ des interventions socio-éducatives*, Paris, L'Harmattan, 203-220.

Calderhead J. (1989), « Reflective teaching and teacher education », *Teaching and Teacher Education*, vol. 5, n° 1, 43-51.

Canter-Kohn R. (1982), *Les Enjeux de l'observation*, Paris, PUF.

Des Lierres T., Boutin G. & al. (2000), « Des formateurs de futurs enseignants s'interrogent sur les TIC », *Apprentissage et socialisation*, vol. 20, n° 2, 87-109.

Dewey J. (1933), *How we Thin : A Restatement of the relation of Reflective Thinking to the Educative Process*, Boston, D.C. Heath and Compagny.

Ecclestone K. (1996), « The reflexive practitioner : Mantra or a Model for Emancipation », *Studies in the Education of Adults*, 25, n° 2, 146-161.

Habermas J. (1973), *Knowledge and Human Interests*, London, Heinemann.

Haddock J. (1997), « Reflecting in Groups. Contextual and Theoritical Considerations within Nurse Education and Practice », *Nurse Education Today*, vol. 17, 381-385.

Hall S. & al. (1997), « Tilling the field Action researh in postgraduate supervision », in Pospisil R. and Willcoxson L. (Éds), *Learning Through Teaching*, 132-143, Proceedings of the 6th Annual Teaching Learning Forum, Mardoch University, Perth Mardoch University Press.

Linton D.P. et Zeichner K.M. (1990), « Reflective teaching and action research in preservice teacher education », *Journal of education for teaching*, 16, 235-254.

Mezirow J. (1990), *Fostering critical reflection in adulthood*, San Franciso, Jossey-Bass.

Peters J. (1991), « Strategies for Reflective Practice », in R. Brocett (Éds.), *Professional Development for Educators of Adults*, n° 51, San Francisco, Jossey-Bass.

Reed J. et Procter S. (1993), *Nurse education : a reflective approach*, Edward Arnold, London.

Schön D. (1983), *The Reflective Practitioner : How Professionals Think in Action*, New York, Basic Books Harper Colins Publishers, Traduction française Éditions Logiques, Montréal.

Schön D. (1987), *Educating the reflective practitioner*, San Francisco, Jossey-Bass Publishers.

Schön D. (1991), *The reflective turn*, Teachers College Press, New York, Traduit en français par J.Heynemand et D. Heynemand, *Le tournant réflexif*, Montréal, Éditions Logiques, 1996.

Van Manen M. (1977), « Linking ways of knowing ways of being practical », vol. 6, n° 3, 205-228.

Zeichner K.M. et Tabaschnick, B.R. (1991), « Reflections on reflective teaching », in B.R. Tabachnick et K.M. Zeichner (Éds.), *Issues and practices in Inquire-oriented Teacher Education*, London, Palmer Press.

6

Pour un élargissement de l'analyse de pratique à la narration biographique

Pierre Dominicé

Histoire de vie et analyse des pratiques professionnelles

L'analyse de pratique est le plus fréquemment associée, en formation d'adultes, à la vie professionnelle. Elle permet notamment de mieux saisir les modalités de construction et de fonctionnement d'activités conduites dans les différents domaines de compétence auxquels contribue la formation continue. La démarche biographique, lorsque celle-ci résulte de l'application des récits de vie à la compréhension des processus de formation, ouvre d'autres voies d'analyse, de forme plus globale et d'horizon plus large. Tout en reconnaissant l'intérêt des analyses de pratique se rapportant à l'activité professionnelle, ce chapitre esquisse une perspective différente et complémentaire. L'histoire de vie est entendue, dans la narration de « biographie éducative », comme méthode de formation-recherche - davantage que de recherche-formation - donnant accès aux apprentissages qui façonnent la formation de la vie adulte. Elle ne se limite pas à repérer des savoirs pratiques ou existentiels, associés au champ professionnel et opposés aux programmes d'enseignements visant l'acquisition de savoirs formels, tels qu'ils sont fréquemment proposés dans les catalogues de formation. La généralisation de l'idée de compétence peut avoir pour effet de renforcer ce malentendu. En introduisant l'approche biographique dans le domaine de l'analyse de pratique, il importe en conséquence de rendre compte de sa spécificité au lieu de vouloir absolument qu'elle tienne sa place dans un débat qui n'est pas le sien.

Même si la pratique de bilan, et de manière plus générale, celles d'orientation, ont su tirer parti de l'usage des histoires de vie en formation d'adultes, il convient de résister à la tentation d'inscrire le récit de vie dans une optique d'analyse de pratique accaparée par l'activité professionnelle. Le récit de vie n'a donc pas à prendre place dans la panoplie d'instruments utilisés en vue d'analyser la pratique professionnelle. Il répond à d'autres intentions et relève d'une autre visée conceptuelle. Certes la notion de travail permet d'envisager la vie active sous d'autres angles que la seule dimension professionnelle. L'apport de la narration biographique se situe toutefois dans l'optique plus globale d'une meilleure compréhension des phénomènes de structuration du cours de la vie, de la signification des événements au travers desquels l'existence prend forme et de la construction des cadres de référence issus du parcours éducatif. Dans la lecture biographique, le travail trouve la place et le sens qu'il a pris dans le temps long du cours de la vie. De manière générale, l'analyse du matériel biographique - certainement plus floue que dans beaucoup de recherches plus traditionnelles - parvient même à faire de « la pratique de vivre » un objet de recherche comprenant des enjeux à la fois existentiels et conceptuels. La formation, considérée comme thème central de recherche, renvoie en effet à des questions de savoir-vivre, indissociables d'une réflexion éthique. En tant qu'interrogation conceptuelle, la formation devient une occasion d'appréhender conjointement l'hétérogénéité des prises de forme de la vie adulte et leurs traits communs. Les processus identitaires ou les processus de socialisation étudiés par des sociologues comme C. Dubar (2000) trouvent ainsi, dans la démarche biographique, des possibilités d'illustration singulière qui viennent donner une consistance à des caractéristiques générales. Au plan méthodologique, la visée de formation des narrateurs est centrale, comme aboutissement de la réflexion suscitée par leurs récits. Conjointement, la recherche trouve ses hypothèses de travail dans les effets d'écho d'un récit avec d'autres récits, qu'il s'agisse des autres récits travaillés au sein du groupe ou de récits appartenant au patrimoine culturel et intellectuel de référence. Le récit de l'autre qui peut faire résonance peut être proche ou lointain. L'altérité ne signifie pas que l'autre soit nécessairement présent ou contemporain. La démarche biographique, axée sur la formation du sujet, au sens de « l'ipséité » évoquée par P. Ricœur, peut aussi devenir le levier d'une appétence culturelle et intellectuelle qui vient enrichir la quête identitaire. Tout effort de compréhension de dimensions singulières de la formation comporte en effet la prise en compte de caractéristiques éducatives plurielles, découlant de facteurs sociaux tels que le milieu d'origine, les collectivités d'appartenance, les liens générationnels.

La place que doit occuper le travail dans l'existence fait de nos jours l'objet de multiples débats. L'obligation matérielle de chercher un emploi se heurte souvent à la difficulté à l'obtenir. À l'inverse, l'envahissement de l'existence par une vie professionnelle trop occupée interroge aussi bien des cadres, proches de la retraite, que des jeunes chargés de lourdes responsabilités. Le chômage élevé de ces dernières années ainsi que l'instabilité des postes de travail a, de manière générale, créé un climat d'incertitude qui oblige chacun à redéfinir à tout moment ce qu'il attend de sa vie professionnelle. En réponse au phénomène d'éclatement des parcours linéaires comme de rupture de trajectoires promotionnelles s'instaurent de nouveaux questionnements biographiques qui ouvrent, sans doute, la voie à un élargissement de la pratique des histoires de vie appliquée au champ de la formation. Le phénomène de déstructuration existentielle causé par la redéfinition des investissements professionnels dans les parcours de vie nécessite à bien des égards le recours à une lecture plus large que professionnelle de l'histoire personnelle, facilitée par une analyse plus avertie des enjeux socio-économiques actuels. La mise en récit du trajet éducatif, sur le modèle de la « biographie éducative » pratiquée, à mon initiative, à l'Université de Genève, peut devenir l'occasion de faire émerger ou d'expliciter les fondements culturels, les appartenances sociales et les « archéologies de référence, sur la base desquels s'effectuent, de manière générale, les choix d'orientation au cours d'une vie et se construisent les processus identitaires qui désignent la manière de les habiter.

Les courants d'histoire de vie qui ont acquis un espace de recherche dans le champ des sciences de l'éducation et, de manière plus large, dans le champ des sciences humaines, se sont fortement développés au cours de ces dernières années. Le domaine de l'orientation, avec la généralisation des pratiques de bilan ainsi que de validation des expériences professionnelles, en fournit un exemple frappant. Il en va de même des pratiques de formation destinées à l'insertion sociale ou professionnelle. Quelques expériences de récit, offertes à des personnes âgées, fournissent également des indications sur la place occupée par le travail, en regard des valeurs engagées et des investissements fournis, dans le cours d'une vie. La confrontation entre ces démarches de récit de vie et l'intention de l'analyse de pratique, portant principalement sur l'activité professionnelle, me fournit l'occasion de spécifier l'objet d'analyse sur lequel est centrée l'approche biographique conduite à Genève. Ce texte n'introduit pas de distinction dans la variété des pratiques de récit de vie. Il prend acte de leur intention commune qui consiste à aborder un aspect de l'existence à partir d'une lecture globale du cours de la vie. En revanche, je fais référence à des usages du récit de vie que je connais plus particulièrement parce qu'ils relèvent de ma propre pratique. C'est à partir de ma conception des récits de vie que je précise quelques enjeux biographiques contemporains, en mentionnant des explorations menées dans le champ professionnel, puis en concluant par une interrogation sur la formation. Avec la même préoccupation d'un rapprochement entre histoire de vie et analyse de pratique, d'autres questions que je laisse pour l'instant de côté auraient pu, bien sûr, être posées. Quel est l'apport de toutes ces démarches de récit et, notamment, de l'effort d'analyse qui en résulte ? Peuvent-elles être généralisées et s'adresser à des populations différenciées, d'âges variés et de provenance sociale différente ? Est-il souhaitable que l'usage des récits soit introduit, de manière systématique, dans des espaces et des temps de formation continue ? Quelles exigences de professionnalité comporte une démarche biographique pour ceux qui la conduisent ?

Une démarche biographique en formation

L'élaboration orale et écrite de récits présentant les composantes de son processus de formation, telles qu'elles sont mises en évidence par l'apprenant adulte, ont fait l'objet, dans l'équipe de recherche que j'anime à l'Université de Genève, de plus de quinze années de formation-recherche. Plusieurs textes, rédigés par des membres de cette équipe (Dominicé & al. 1999, Josso, 2000, Dominicé & al. 2001) ont été publiés récemment. Il ne s'agit pas d'entrer dans le détail de ces approches d'histoire de vie proposées à des étudiants et formateurs d'adultes en tant que formation-recherche (Dominicé,1990), mais de situer cette démarche, comme pratique d'analyse. L'originalité de la démarche suivie à Genève tient probablement à la totalité liberté laissée au narrateur dans la construction de son récit. À la question très générale « comment pouvez-vous nommer, en vous référant à votre parcours éducatif, ce qui a été formateur pour vous ? », les participants de cette démarche répondent par un récit d'environ une heure, donné oralement, puis repris par écrit. Ces deux formes de récits, adressés à un groupe d'une dizaine de participants, sont discutés, puis analysés. Cet examen a pour but de repérer les éléments qui renvoient à une interrogation plus théorique concernant les processus de formation caractérisant le cours de la vie.

Le récit est construit sur des souvenirs marquants. Il s'appuie parfois sur des documents ou des entretiens informels avec des membres de l'entourage. Il exige une préparation préalable qui s'engage le plus souvent dès l'inscription au cours ou à la session. Chaque narrateur est amené à opérer un tri dans l'histoire de sa vie et à regrouper, par rubriques ou par thèmes, les éléments qu'il tient à introduire dans son récit. Le récit de vie donne donc bien lieu à une analyse par chacun de ce qu'il convient d'appeler sa pratique de la vie adulte. Le choix d'une formation professionnelle, l'expérience de la vie professionnelle, les réorientations dont elle peut être l'objet, les temps d'interruption dus à des charges familiales ou les moments de rupture provoqués (par exemple par une période de chômage, pour prendre des aspects liés à la vie professionnelle) ne sont jamais évoqués en tant que tels, mais s'inscrivent dans une dynamique d'ensemble. Chaque partie s'inscrit dans une globalité qui est le lieu de repérage du sens.

La population de référence est composée en majorité d'étudiants de sciences de l'éducation, ayant entre trente et quarante ans. Ceux-ci poursuivent leur formation de base, principalement dans des domaines comme le travail social, l'enseignement ou les soins infirmiers. Ils envisagent souvent un avenir professionnel de formateur ou visent une spécialisation professionnelle qu'ils envisagent dans le champ de la formation d'adultes, entendue au sens large. Ce projet professionnel d'avenir justifie l'investissement considérable qu'ils accordent aux études universitaires dans cette phase de leur vie. Cette population est représentative de la génération à laquelle ces personnes appartiennent de même que spécifique aux métiers dits de l'humain pour lesquels ils ont opté. Les femmes sont nettement plus nombreuses que les hommes. Ceux d'entre eux qui sont inscrits dans des parcours professionnels de longue durée, comme la plupart des enseignants du système scolaire, connaissent des problèmes de ressourcement personnel ou de stimulation intellectuelle. Ils ne pensent pas, le plus souvent, à une réorientation de leur vie professionnelle sinon à l'intérieur des possibilités de changement que leur offre la structure dans laquelle se situe leur emploi. En revanche, ceux qui ont interrompu leur vie professionnelle pendant plusieurs années ou décident de bifurquer en empruntant d'autres voies, sont confrontés à de réelles nécessités de reconfiguration de leur vie. L'interrogation portant sur la place du travail s'inscrit alors dans une analyse marquée par ce temps de réorganisation de leur parcours.

Voici, à titre d'illustration du propos tenu sur la vie professionnelle dans cette démarche biographique, quelques extraits de récits. Ces courts fragments de texte donneront une indication au lecteur de ce qui est soumis à l'analyse à partir du contexte global de son histoire de vie. Une lecture plus approfondie pourrait vraisemblablement être envisagée, selon une approche modifiée, à titre de lecture biographique plus systématique de la vie professionnelle.

Le passage mentionné ci-dessous appartient au récit de Corinne. Il est significatif de la façon dont une femme d'âge moyen peut rendre compte du choix qui est à l'origine de son parcours professionnel. « *De ma naissance jusqu'à l'âge de vingt ans, j'ai toujours eu des problèmes de santé...mes carnets scolaires sont pleins d'absence... M'occuper de la santé des autres devait être un bon moyen pour n'avoir plus besoin de me préoccuper de la mienne. Professionnellement, en choisissant une formation d'assistante sociale, j'aurais pu me retrouver dans le domaine de l'assistance... J'ai choisi le domaine de la santé, de la santé mentale en l'occurrence...*

Je me suis souvent demandée quelles étaient les raisons profondes de ces choix... : ... être là où on guérit ou là où on tente de le faire, être du côté des soignants pour ne pas être du côté des malades, coller à l'ennemi (les médecins) pour mieux les surveiller. Il doit y avoir un peu de tout cela.

Il n'en reste pas moins que depuis plus de quinze ans, je travaille dans le monde de la santé mentale. Je pense que la maladie de maman n'y est pas pour rien et qu'ayant un peu peur pour ma santé mentale (composante héréditaire de la maladie d'Alzheimer), comme j'avais peur pour ma santé physique, mon centre d'intérêt s'est déplacé du physique au mental ».

Evelyne donne une autre version de l'inscription de la vie professionnelle dans son cheminement personnel. Elle « *reprend ses études à 38 ans* ». Elle arrive avec « *son expérience d'adulte* », mais aussi « *les mêmes peurs au ventre qu'à l'époque de sa scolarité* ». Titulaire d'un diplôme de fin de scolarité secondaire, elle a déjà connu le temps des études universitaires, en faculté des lettres. Ne s'y « *sentant pas à sa place* », elle renonce et « *se lance tête baissée dans une boutique de mode* ». Elle maintiendra cette activité professionnelle pendant plus de dix ans. Devenue mère, elle voit « *la vie d'une autre façon* » et n'arrive plus à concilier son « *activité de femme d'affaire avec celle de mère* ». Le divorce l'obligera à accepter plusieurs formules de travail à temps partiel pour « *assurer le pain quotidien* ». À chaque occasion, elle se réjouit d'apprendre. Elle souligne même : « *Je ne me suis pas posée de questions sur mon avenir professionnel tant que j'apprenais quelque chose en travaillant* ». La thérapie dans laquelle elle est engagée l'aide à se situer différemment face à sa vie professionnelle. Elle prend alors « *la décision d'apprendre un nouveau métier* », en toute lucidité quant aux conséquences que cette décision va avoir sur son agenda et son budget. Sensibilisée notamment par les difficultés scolaires rencontrées par son fils, elle s'inscrit en sciences de l'éducation pour devenir enseignante, mais optera en cours d'études pour le métier de formatrice d'adultes, en effectuant pendant ses études des remplacements dans l'enseignement primaire et des stages dans le milieu de l'éducation spécialisée. La confiance en elle et la clarification de sa voie professionnelle constituent, pour Evelyne, des vecteurs de formation. Elle s'oriente professionnellement en fonction de choix qui prennent sens dans le contexte de son histoire personnelle. L'amplitude des options professionnelles qu'elle prend indique bien que le travail peut être une activité qui l'occupe pleinement - comme lorsqu'elle est styliste - ou devenir un support qu'elle sollicite pour subvenir à ses besoins. Lorsque sa vie ne se construit plus autour de son travail, le travail s'adapte à la construction de sa vie.

Les récits de vie entendus, lus et travaillés, ne constituent toutefois pas une base empirique suffisante pour parvenir à proposer des caractéristiques de l'évolution des composantes professionnelles dans la construction de la vie adulte. Mon optique de recherche est plus prudente. Elle consiste, en prenant appui sur les démarches d'histoire de vie effectuées avec une population restreinte, à proposer des hypothèses théoriques plus larges, que la confrontation avec d'autres sources empiriques devrait permettre d'approfondir. Les positions tenues dans ce chapitre sont présentées dans cette optique, c'est-à-dire qu'elles constituent avant tout une invitation à la réflexion, et même à la recherche. Elles font part d'un constat, limité à une population définie, mais interprété dans l'horizon théorique d'analyses convergentes, consacrées aux transformations actuelles de la vie adulte (Boutinet,1998 ; Dubar, 2000 ; Kegan, 1996).

Des projets de survie dans un climat d'instabilité

Le travail professionnel a permis au cours des dernières décennies, notamment les *Trente Glorieuses*, à de nombreux adultes de se construire une vie dont ils ne remettaient pas en question l'orientation. Si la satisfaction ne trouvait pas toujours son compte, l'emploi avait l'avantage d'offrir une durée qui pouvait devenir source de récits. Le climat ambiant suscite de nos jours un sentiment d'inquiétude largement partagé. Même si l'emploi demeure, sa durée n'est plus considérée comme un acquis. Les restructurations qui atteignent même l'administration publique bousculent la plupart des employés qui savent que les restrictions budgétaires risquent soit de les priver de leur poste de travail, soit de rendre leur emploi subalterne. Il m'apparaît, à entendre les récits de vie, que l'insécurité suscitée par le travail dans l'existence est inversement proportionnelle à la place centrale prise par le travail dans la structuration de la vie des aînés. Le projet parental, dans un contexte familial de promotion sociale, passait largement par l'accession à un emploi stable et bien rémunéré. La résonance de ce genre d'attente sur la vie des jeunes étudiants a une part considérable sur le sentiment d'incertitude qui habite le regard qu'ils portent sur leur avenir. Nés dans la consommation, ils ont fait, très jeunes, l'expérience des besoins qu'il leur importait de satisfaire pour que leur vie soit agréable. Ils sont, dès lors, pris dans un dilemme difficile à résoudre entre une visée de travail rémunérateur, quelles qu'en soient ou en deviennent les conditions, et un travail dont ils peuvent contrôler les exigences, en termes de temps et d'investissement. Pour bon nombre d'entre eux, le travail qui les attend ne s'inscrit plus dans un projet de vie. Ils doivent au contraire penser leur existence à partir de ce que le travail ne sera pas ou de ce qu'ils refuseront que le travail soit. Le travail perd ainsi sa capacité de structuration biographique, la vie adulte ayant tendance à devenir l'objet central de la formation. L'ampleur des dimensions à prendre en compte dans le cheminement de sa vie adulte donne en effet à la construction biographique une place qui ne lui était pas attribuée de la même manière préalablement. La construction de l'histoire de vie devient l'enjeu majeur de l'existence. Et c'est à partir d'une clarification de cet horizon biographique de la vie adulte que le travail peut être remis à sa place. Mais, comme l'écrit avec lucidité R. Sennett dans son dernier ouvrage (2000, p. 31) : « Comment un être humain peut-il se forger une identité et se construire une histoire de vie dans une société faite d'épisodes et de fragments ? »

Les ressources que sollicitent les adultes, pour être en mesure d’assurer ce labeur de leur construction biographique, ne sont pas à confondre avec le traitement thérapeutique d’un état névrotique. Certes, la psychothérapie s’est fortement généralisée et, comme le décrit très bien A. Ehrenberg (1999), les tranquillisants sont devenus des adjuvants dont ne peuvent plus se passer ceux qui peinent face à la complexité « d’être soi ». L’intérêt de cette mise en rapport de la pratique thérapeutique confrontée à l’extension de la dépression provient de l’éclairage qu’elle fournit sur des populations plus préservées. En me référant à des récits entendus et analysés, je risquerai l’hypothèse que les pratiques de bilans et, de manière plus générale encore, d’accompagnement répondent au désarroi qu’éprouvent un nombre croissant d’adultes face à la difficulté d’orienter leur vie. Qu’il s’agisse d’aide thérapeutique, de session de développement personnel, de démarche corporelle ou spirituelle facilitant un meilleur équilibre personnel, la vie adulte est effectivement devenue, comme l’écrit J. P. Boutinet, une vie à problème dont il importe de prendre soin pour ne pas risquer des dérapages. La formation revêt ainsi, face à cette complexité de la vie adulte, un rôle qu’elle ne jouait pas ou qu’elle ne jouait que partiellement auparavant. La place du travail ne peut plus être envisagée en dehors de ce contexte plus global de la vie adulte. Le perfectionnement professionnel, comme tout apport instrumental offert par la formation continue, peut s’avérer nécessaire, voire indispensable, mais sa signification devient fréquemment secondaire par rapport à d’autres priorités biographiques.

En écoutant récemment les récits de vie d’étudiants plus jeunes, je suis également frappé de constater à quel point plusieurs d'entre eux craignent les échéances sociales de la vie adulte, comme si les phases précédentes de leur jeunesse leur avaient permis d'explorer la vie avec une insouciance qui leur permettait d'y échapper. Le thème du voyage, que beaucoup évoquent dans leur récit, revêt peut-être cette signification de mise à distance d'une société qui les étouffe sans leur donner l'occasion de découvrir un horizon qui leur convienne. Et, paradoxalement, le fait d'avoir goûté à d'autres expériences a tendance à entretenir chez eux le rêve de l'ailleurs. La musique exerce également une grande force d'attraction. Elle assure une expression culturelle infiniment moins abstraite et socialement souvent plus enrichissante que les études. Pour cette population jeune, la tension vécue face aux normes d'insertion professionnelle et aux contraintes sociales actuelles de prise en charge autonome de son existence est pénible à supporter. Dans un contexte économique peu stable, et dans un contexte politique explosif en plusieurs lieux, il n'est pas étonnant que la quête de valeurs fondamentales réapparaisse au premier plan, avec de fortes attirances pour des groupes dans lesquels les convictions sont constitutives de l'adhésion de leurs membres. Vivre dans l'incertitude n'a jamais été facile, en particulier lorsque l'éducation reçue, parfois plus libérale, provoquait une attente d'accession à une stabilité sociale et professionnelle répondant notamment aux ambitions familiales. Condamnés à ne pas se réaliser dans les termes espérés sans pour autant savoir quoi devenir, les étudiants plus jeunes (même si leur vie n'a pas la durée de leurs aînés) ont tout autant besoin, si ce n'est plus, de rapatrier la formation dans le champ de la construction biographique.

En évoquant certains récits et en soulignant l'évolution que j'observe avec la population avec laquelle je travaille, il me paraît encore plus impératif d'analyser la pratique professionnelle à la lumière du récit plus large de l'histoire de sa vie. Alors que le travail professionnel permettait, pour la quasi totalité des hommes en tous les cas, de donner corps aux joies comme aux souffrances de l'histoire de leur vie, la précarité et la perte de sens de l'emploi, dans les décennies qui succèdent aux *Trente Glorieuses* et se laissent modeler par le néo-capitalisme caractérisant l'économie libérale actuelle, obligent à une reconfiguration biographique, voire même à une restructuration biographique.

Des approches biographiques dans l'enceinte professionnelle

Avant même que cette question de la centration biographique s'impose, nous avons eu l'occasion, avec quelques collègues, d'explorer des approches biographiques à l'intérieur de groupes professionnels. Le CICR (Comité International de la Croix Rouge), confronté au problème du maintien ou non de son personnel nous avait sollicités pour une intervention portant sur la question suivante : comment fonder les raisons d'un engagement à long terme au CICR par rapport à un choix professionnel de mission de terrain effectué de manière plus transitoire ou lié à une phase de vie ? Cette interrogation concernait un nombre significatif de collaborateurs. Elle s'inscrivait dans un effort de structuration managériale reposant notamment sur l'émergence de la fonction de chef de personnel pour chaque secteur géographique d'engagement. L'approche biographique avait été proposée et acceptée par les responsables des ressources humaines parce qu'elle leur paraissait offrir au personnel concerné la possibilité de redéfinir la place de leur investissement au CICR dans leur projet de vie. Nous avons alors procédé, par groupe , à des récits individuels narrant les motifs initiaux de l'engagement au CICR, évaluant le rapport entre les missions effectuées et les phases de vie concernées et redéfinissant les finalités de l'engagement professionnel face aux obligations et contingences de l'existence. Plusieurs délégués étaient confrontés à de nouvelles contraintes, souvent associées à leur vie de famille. Regardant avec davantage de lucidité leur avenir, ils réfléchissaient au long terme et mesuraient la difficulté croissante d'une reconversion professionnelle. Leur attachement fort à l'institution comportait des composantes identitaires évidentes. Ils avaient pris distance à l'égard d'une société locale qu'ils imaginaient mal rejoindre dans la routine de ses fonctionnements. Repenser à leur vie dans sa globalité leur paraissait judicieux pour envisager leur avenir à moyen terme. Ils se sont donc investis sans réserve dans cette démarche.

Nous avons reconduit cette expérience, menée avec ma collègue Laurence Türkal, quelques années plus tard. Celle-ci s'est alors avérée plus complexe par le fait que beaucoup de délégués de terrain, exerçant le même type de fonction, avaient su anticiper leur avenir avant de s'engager au CICR. Ils avaient inclus, dès leur départ, la question de leur retour en limitant leur engagement à quelques années de service. Plusieurs enseignants étaient dans ce cas. Ils avaient pris congé de leur emploi avec l'assurance d'un retour possible après quelques années. Ce contraste de génération était sans doute dû aux changements qui ont affecté le contexte de l'emploi au cours de ces dernières années. Le CICR n'est en effet plus guère le lieu d'un engagement courageux et volontaire, en rupture avec des modèles traditionnels d'insertion professionnelle, l'humanitaire étant devenu pour beaucoup de jeunes en quête d'insertion une issue transitoirement possible face à la pénurie d'emploi.

Préalablement, nous avions également eu l'occasion de conduire une exploration différente, mais s'inspirant également de la démarche biographique avec des professionnels de l'orientation ayant besoin d'une formation complémentaire les préparant à rencontrer un public adulte. Au lieu de prévoir un programme leur donnant l'occasion de travailler sur la connaissance de la spécificité des populations adultes, nous avons proposé une approche de la façon dont ces enseignants et psychologues s'étaient eux-mêmes orientés, en tant qu'adulte, dans leur vie professionnelle. En d'autres termes, le levier utilisé pour leur permettre d'entrer dans une meilleure compréhension des nécessités d'orientation de la vie adulte passait par l'explicitation de la façon dont ils avaient, eux-mêmes, assumé leur orientation pour construire leur vie adulte. Une sensibilisation au support biographique de l'orientation nous paraissait constituer la base réflexive sur laquelle s'appuyer pour élaborer une problématique de l'orientation à l'âge adulte.

Ces deux approches biographiques avaient été précédées d'une recherche financée par le Fonds National de la Recherche Scientifique, et conduite avec Christine Josso, auprès de formateurs ayant exercé un rôle de pionnier dans le domaine de la formation d'adultes. Cette recherche était destinée à identifier, avec deux groupes de formateurs disposant d'une longue expérience professionnelle, et qui, à l'époque de leur engagement, ne détenaient aucune certification de formation de formateur, les apports éducatifs de leur parcours de vie qui avaient été mobilisés dans l'activité professionnelle de responsable ou gestionnaire de formation. Les thèmes d'analyse se dégageant des récits de vie de chacun des participants montraient avec éloquence les rapports établis entre expériences personnelles, projet de vie et compétence professionnelle. À nouveau la dimension proprement professionnelle prenait sens dans une lecture plus globale du parcours de vie.

L'enjeu professionnel pris entre formation et malformation

L'analyse biographique des savoirs requis par la compétence professionnelle montre bien que ceux-ci se construisent dans la durée et tiennent compte d'un alliage entre des apprentissages dus à des enseignements marquants et des apprentissages découlant d'expériences significatives de la vie. Le récit de vie fournit des indications sur ces alliages, qui constituent une base empirique sur laquelle fonder des hypothèses à approfondir. L'articulation entre savoirs formels et expérientiels est en effet indicative des processus d'apprentissage qui contribuent à la formation des adultes. Les apports externes appellent des transformations internes. Le milieu social agit comme support culturel des études comme de la formation professionnelle. Le rapport à la pratique est toujours médiatisé par un environnement social. Contrairement à ce que semblent croire les décideurs politiques, la certification n'est qu'un des supports d'entrée dans une orientation professionnelle. Elle n'agit jamais dans un rapport de cause à effet. La narration biographique lui donne la place réelle qu'elle occupe et met en évidence les composantes et les étapes constitutives des décisions qui engagent l'avenir professionnel. Le propos de nombreux de mes collègues m'amuse toujours lorsque, dans des discussions concernant la restructuration des plans d'études, ils tiennent à une rationalité de programme sans grand rapport avec les logiques d'étude qu'en font les usagers. La compétence professionnelle future est aussi invoquée à tout moment pour justifier la place accordée à des enseignements qui n'auront aucun rapport avec elle. Ceci est vrai de l'enseignement supérieur, mais se rencontre de façon analogue dans la plupart des formations professionnelles.

La généralisation de la formation continue à l'âge adulte ne fait que confirmer et renforcer ce phénomène. Les savoirs repérés comme nouveaux, qu'il s'agisse de technologie ou de notion à la mode, constituent la base sur laquelle se bâtissent les offres de formation. Les certifications se multiplient, entraînant des formes de scolarisation de la formation qui, selon les experts européens, doit aujourd'hui intervenir « tout au long de la vie ». Il y a donc paradoxalement, en raison de l'importance croissante donnée à la formation continue, risque de malformation. La formation, rendue obligatoire, entraînera les mêmes manœuvres tactiques de la part des apprenants que celles qui ont caractérisé la vie scolaire. La sélection, l'échec et l'exclusion se multiplieront. Des adultes d'âge mûr devront apprendre ce qui est au programme de peur d'échouer aux examens. Les récits biographiques fournissent déjà les signes de ce genre de dérive. Il n'est donc pas erroné de dénoncer les malformations de la formation. La construction biographique, au lieu de prendre appui sur des temps institués de formation, devra apprendre à s'en méfier. Il conviendra ainsi de faire de la formation continue un objet d'analyse pour que les adultes se réapproprient leur parcours d'apprenants et découvrent comment ils ont appris ce qu'ils savent, avec et malgré les savoirs qui leur ont été transmis. L'analyse de pratique devra alors s'élargir à une analyse de la pratique de formation continue, attribuant à la narration biographique une fonction critique que celle-ci n'a pu exercer dans le champ professionnel.

Références bibliographiques

Boutinet J.P. (1998), *L'Immaturité de la vie adulte*, Paris, PUF.

Dominicé P. (1990), *L'Histoire de vie comme processus de formation*, Paris, L'Harmattan.

Dominicé P. & al. (1999), *Les Origines biographiques de la compétence d'apprendre*, Cahiers de la Section des Sciences de l'Éducation, Université de Genève.

Dominicé P. & al.(2001), *L'Histoire de vie entre disciplines et indisciplines*, Cahiers de la Section des Sciences de l'Education, Université de Genève

Dubar C. (2000), *La Crise des identités, l'interprétation d'une mutation*, Paris, PUF.

Ehrenberg A. (1998), *La Fatigue d'être soi*, Paris, Éditions Odile Jacob.

Josso C. (2000), « Histoire de Vie et projet », *Éducation Permanente n° 142*, « Les Histoires de Vie », 71-84.

Kegan R. (1996), *In Over Our Head, the Mental Demands of Modern Life*, Cambridge, Harvard University Press.

Sennett R. (2000), *Le Travail sans qualité*, Albin Michel, Paris.

7

Les apports des pratiques d'orientation psychosociologique

Dominique Fablet

Le travail conduit dans les dispositifs d'analyse des pratiques vise, entre autres finalités, l'évolution de l'identité professionnelle des praticiens dans ses différentes composantes : renforcer les compétences requises dans les activités professionnelles exercées, accroître le degré d'expertise, faciliter l'élucidation des contraintes et enjeux spécifiques de leurs univers socioprofessionnels, développer des capacités de compréhension et d'ajustement à autrui... Pour la mise en place de dispositifs d'analyse des pratiques professionnelles, plusieurs paramètres sont ainsi susceptibles d'entrer en jeu :
– l'expérience plus ou moins importante des professionnels concernés, compte tenu de leur champ d'activités[25] : s'agit-il de développer les aptitudes de praticiens expérimentés, d'accompagner de jeunes professionnels au moment de leur prise de fonctions, ou encore de sensibiliser de futurs

---

[25] Cf. la distinction aristotélicienne entre « poïesis » et « praxis », reprise par C. Castoriadis et que rappelle N. Mosconi au début de son article, qui permet de différencier des champs d'activités professionnelles.

professionnels aux aspects spécifiques des actions qu'ils auront à mener, sachant que, parfois, ce travail d'élaboration peut s'adresser aussi à des professionnels amenés à changer de fonctions, par exemple lorsqu'ils envisagent une spécialisation ou à l'occasion d'une reconversion professionnelle ?

– la nature des liens entre professionnels participant au travail d'analyse : a-t-on affaire à des praticiens dispersés et exerçant dans des contextes différenciés ou travaillent-ils au sein de la même organisation, voire de la même équipe ? D'où la nécessité de prévoir des dispositifs adaptés.

– le mode de participation des professionnels au processus d'analyse : s'agit-il d'un travail d'investigation et d'élucidation que mènent les professionnels, aidés par un animateur à partir de leurs discours sur les situations rencontrées dans la pratique, ou la démarche poursuivie répond-elle à un souci de formalisation des pratiques grâce à des approches menées plus en extériorité ?

– le ou les systèmes de références théoriques au(x)quel(s) il est fait appel : quel impact quant au cadre de travail proposé ? Comment s'organise le traitement des données issues de l'expérience professionnelle ? Quelles sont les dimensions privilégiées dans le processus d'analyse ?

C'est de ce dernier paramètre dont on traitera ici en retenant, parmi les différentes disciplines en sciences humaines et sociales, la psychosociologie, compte tenu des apports de cette *science charnière* (Maisonneuve, 1997) pour l'analyse des interactions, des éclairages indispensables qu'elle propose quant au travail de groupe et des perspectives qu'elle ouvre quant au problème du changement, soit trois aspects incontournables pour l'analyse des pratiques professionnelles.

En tant que système de références théoriques, la psychosociologie ou psychologie sociale constitue assurément l'une des principales sources ayant contribué au développement d'approches spécifiques d'analyse des pratiques professionnelles. J. Maisonneuve (1997, p. 21) emploie indifféremment les deux expressions alors que d'autres auteurs établissent des distinctions en ayant tendance « à réserver l'une des expressions à la recherche fondamentale, l'autre à des pratiques sociales d'intervention de relations humaines » (sur ce débat : cf. *Connexions* n° 42, 1984), la psychosociologie apparaissant ainsi comme un ensemble regroupant savoirs théoriques et savoirs d'action (cf. Barbier, 1996). Ainsi, M. Moreau-Ricaud (2000, p. 178) note-t-elle dans sa biographie de Michael Balint[26] que « Le groupe Balint n'est pas une méthode complètement *made in England* mais un hybride créé à partir de deux filiations, l'une psychosociale (de méthode de groupe et de case-work avec Enid Balint), l'autre analytique (de groupe avec Bion et hongroise avec l'analyse de contrôle et Vilma Kovács) » ; par ailleurs, comme l'indiquent dans cet ouvrage J. M. Miron et A. Presseau, l'influence des travaux de K. Lewin, notamment à partir de sa conception des démarches de recherche-action, est clairement établie quant à l'approche réflexive initiée par D. Schön et C. Argyris.

L'étayage théorique apporté par la psychosociologie aux types d'approches les mieux identifiés étant reconnu, je propose de fournir un ensemble de points de repère

---

[26] M. Balint, médecin et psychanalyste anglais d'origine hongroise, a inventé un type de dispositif d'analyse de la pratique original, dans une double visée de formation et de recherche, plus particulièrement destiné à des praticiens œuvrant dans une sphère professionnelle où les relations en face à face jouent un rôle important : relation thérapeutique (Balint a formalisé son expérience en animant des groupes de médecins généralistes), mais aussi relation d'aide, relation pédagogique, relation formative, relation éducative... cf. l'article de C. Blanchard-Laville et G. Pestre ainsi que celui de J. Chami.

visant à appréhender la contribution particulière de l'orientation psychosociologique au développement de dispositifs d'analyse des pratiques professionnelles au sein de deux grands domaines d'activités[27] : formation et intervention.

Psychosociologie et formation : apprendre autrement

La dynamique de groupe

Difficile en parlant de formation psychosociale de ne pas évoquer en premier lieu cette expérience formative, singulière et quelque peu déconcertante, qui consiste à participer à un groupe de dynamique de groupe. Réunir pendant une semaine ou plusieurs week-ends, en résidentiel ou non, une douzaine de participants, qui ne se connaissaient pas auparavant, autour d'un animateur[28] sans tâche autre que l'analyse des interactions et des phénomènes collectifs se produisant *hic et nunc* dans le groupe, voilà un dispositif aux appellations multiples qu'on a longtemps considéré comme le prototype de toute formation psychosociologique. Que l'on parle de *T-group* (abréviation de *Training group*), de *groupe de diagnostic*, de *groupe de base*, de *groupe centré sur le groupe* ou encore de *groupe d'évolution*, les diverses expressions renvoient aux systèmes de références utilisés, ayant pour

---

[27] Nous avons choisi de ne pas traiter d'un troisième domaine d'activités, celui des études et des recherches, et notamment des pratiques de recherche-action, car nous avons voulu privilégier ici les pratiques d'orientation psychosociologique s'inscrivant dans une approche en intériorité, c'est-à-dire celles qui invitent les professionnels à s'impliquer dans l'analyse et à travailler à la co-construction du sens de leurs pratiques (soit l'un des traits parmi d'autres de notre définition initiale de l'analyse des pratiques professionnelles ; cf. Blanchard-Laville et Fablet, 1996/2000).

[28] Pendant longtemps on a utilisé le terme *moniteur*, alors qu'en ce qui concerne les formations techniques on parlait d'*instructeur*.

origine les deux terrains de naissance de la dynamique de groupe – la formation et la psychothérapie – et qui se situent soit dans la lignée de K. Lewin et des psychologues sociaux du NTL (National Training Laboratory) de Bethel aux USA, soit dans celle de W.R. Bion et des psychanalystes anglais du Tavistock Institute of Human Relations[29], sachant qu'en France l'influence de l'orientation non-directive de C. Rogers a été très importante surtout dans les années soixante (cf. de Visscher, 1991).

Participer à un groupe de dynamique de groupe pour découvrir de l'intérieur les phénomènes de groupe, c'est-à-dire autrement que par un abord intellectuel, semblait constituer dans les années soixante-dix une expérience nécessaire, un point de passage quasi obligé dans la formation de tout formateur désireux d'animer des groupes de formation, alors que l'engouement pour ce type de pratique a singulièrement fléchi à partir du début des années quatre-vingt. Parallèlement, animer des groupes de formation à la dynamique de groupe, « groupe centré sur le groupe » ou « groupe de sensibilisation »[30], permettait souvent de se voir reconnaître comme « psychosociologue » dans les milieux de la formation[31],

---

[29] Soit également deux des trois courants à l'origine de la recherche-action selon M. Liu (1997).

[30] À la différence de l'expérience très ouverte initiée dans le cadre d'un « groupe centré sur le groupe », dans un groupe de sensibilisation l'approche des phénomènes de groupe s'effectue à partir d'apprentissages dans des situations d'exercices de communication, de jeux de rôles, d'études de cas.

[31] Même si cette appellation de *psychosociologue* peut apparaître impropre (longtemps elle a d'ailleurs servi à désigner un animateur de stages de formation) ; il semble en effet plus juste de parler de formateur, de consultant ou encore de thérapeute qui, dans l'exercice de leur activité, utilisent un système de références psychosociologiques.

et nombreux sont les écrits publiés au cours des décennies soixante et soixante-dix, par ceux qui revendiquaient ce titre, qui traitent de cette expérience princeps (cf. Aubert, de Gaulejac, Navridis, 1997 ; Enriquez, 1999).

Pourtant, l'apport de la dynamique de groupe à l'analyse des pratiques professionnelles apparaît relativement indirect, dans la mesure où plusieurs conditions requises au bon déroulement de cette expérience, comme l'absence d'interconnaissance mutuelle préalable entre participants, la situation d'isolement culturel (renforcée par le déroulement du stage en résidentiel), ou encore la centration quasi-exclusive sur l'analyse des interactions se déroulant dans l'ici et maintenant, paraissent bien éloignées d'un type de travail consistant à traiter de situations rencontrées dans l'exercice d'activités professionnelles. Si apport il y a, il ne peut être situé que dans une forme de compréhension des interactions et des phénomènes appelés à se développer dans différents types de groupes, dont ceux se proposant d'analyser des pratiques professionnelles, et dans la nature du processus permettant d'accéder à cette compréhension, qui relève davantage d'une prise de conscience que d'un apprentissage, au sens classique du terme.

D'autres types de dispositifs sont donc à interroger, tels « les groupes centrés sur le groupe et la tâche » qui visent à la fois l'apprentissage et l'évolution des participants, d'autant que c'est à partir d'eux que se sont développées la plupart des activités de formation psychosociale en France depuis quarante ans, et ce, même s'ils semblent avoir suscité moins d'intérêt et, en tout cas, beaucoup moins de publications que celles relatives à la dynamique de groupe.

Les stages de formation psychosociale

Ce qui caractérise avant tout la formation psychosociale ce sont les modalités pédagogiques utilisées et le type d'objets traités dans les stages. Il s'agit de créer un milieu en décalage par rapport aux situations habituelles de travail, fréquemment ressenties comme contraignantes, et qui se démarque des formes scolaires traditionnelles le plus souvent rencontrées lors d'activités d'apprentissage[32]. En effet, ce n'est pas tant l'acquisition de savoirs ou de savoir-faire techniques qui est prioritairement visée que l'évolution des attitudes des participants, par rapport aux autres et à eux-mêmes, ainsi que la transformation du regard qu'il portent sur leurs activités professionnelles et le contexte organisationnel et institutionnel au sein duquel elles se déroulent. Pour ce faire, le recours à des méthodes actives paraît s'imposer.

Le rôle du formateur consiste alors essentiellement à proposer des situations ouvertes, propres à déclencher l'initiative et l'activité des participants, c'est-à-dire qui leur permettent d'explorer, d'observer, d'interroger. Ni les buts à atteindre, ni le déroulement du stage de formation ne sont totalement pré-définis au début d'une session de formation ; tout au plus le formateur dispose d'une trame, constituée d'un ensemble de moments de travail possibles, qu'il introduira en fonction des sujets abordés et des interactions groupales. Travaux de sous-groupes, études de cas, exercices de communication, entraînement au

[32] Rappelons qu'au cours des décennies soixante et soixante-dix, période de développement de la formation psychosociale, la pédagogie en usage dans la plupart des stages de formation d'adultes ne se signalait pas par son caractère particulièrement innovant. Hormis les méthodes de formation psychosociale au sens large, seules les approches fondées sur l'alternance et mises au point par l'équipe animée par B. Schwartz à Nancy peuvent être considérées comme profondément novatrices à cette époque (cf. Laot, 1999).

diagnostic, jeux de rôle… la panoplie des modalités pédagogiques est suffisamment variée dès qu'on cherche à faciliter l'expression individuelle ainsi que l'apprentissage de la coopération. On n'exclut pas les apports de la part du formateur, lorsque l'intérêt s'en fait sentir, même si ce sont les échanges entre participants et l'analyse des conduites vécues en groupe qu'on aura néanmoins tendance à privilégier.

C'est dans un cadre de cette nature qu'on introduira des séquences d'analyse de la pratique en fonction des thématiques plus particulièrement traitées en session de formation[33] (évaluation, conduite de réunion, entretiens, fonctions d'encadrement…). Il s'agit d'établir des liens entre les aspects explorés en groupe de formation et les situations rencontrées par les stagiaires dans leur contexte professionnel afin de dégager les significations attribuables aux conduites mises en œuvre. Par exemple, lors d'une session de « conduite de réunion », on invitera les stagiaires à interroger le dispositif de communications établi dans leur entreprise ou leur organisme dans la perspective de repérer ses principales caractéristiques ; à un autre moment, on pourra questionner également les styles d'animation spécifiques des cadres travaillant dans les organisations dont les participants à la session de formation sont membres… L'espace instauré par le stage procure aux participants la distance indispensable pour

---

[33] Dans un article publié dans la revue *Connexions* (Fablet, 1998), j'ai eu l'occasion de témoigner de mon expérience de formateur et d'intervenant interne dans un important organisme de Sécurité Sociale au cours de la décennie quatre-vingt. Depuis cette période, je continue à animer mais de manière beaucoup plus épisodique quelques stages de formation, notamment de « conduite de réunions », alors que je consacre davantage de temps à des activités d'intervention-formation ou de formation intra-institutionnelle, principalement en direction de professionnels d'organisations de suppléance familiale (Fablet, 2000).

interroger leurs façons de faire et de penser ainsi que certains traits particuliers de leur contexte organisationnel qui déterminent partiellement comportements et interactions inscrits au cœur de leur univers professionnel. On conçoit alors l'intérêt de ces mises en lien et de ces mises en sens, favorisées par ces moments d'analyse de la pratique qui contribuent ainsi à des remaniements d'identité professionnelle.

Les groupes d'analyse de la pratique

De façon plus systématique, les séquences d'analyse de la pratique peuvent constituer, à elles seules, la modalité de travail caractérisant le stage de formation ; en ce cas on parlera de « cycles d'évolution professionnelle » inspirés des groupes Balint (Maisonneuve, 1968) ou encore de *groupes d'analyse de la pratique*. Alors qu'on avait signalé précédemment les deux filiations des « groupes Balint » - l'une psychosociale, l'autre psychanalytique – il n'est en définitive guère étonnant qu'on ait repris dans un registre psychosociologique le type de cadre inventé par M. Balint.

Dans ces dispositifs à visée d'évolution professionnelle, il s'agit de réunir un petit groupe, d'environ une douzaine de professionnels qualifiés dont les activités sont suffisamment homogènes, et d'inviter à tour de rôle les participants à parler des situations rencontrées dans leur expérience professionnelle. Le rôle du moniteur-animateur, psychanalyste et en général d'une professionnalité identique à celle des participants, consiste à faciliter le travail d'analyse et la prise de conscience des aspects transférentiels et contre-transférentiels en jeu dans les situations professionnelles d'interaction. Au bout de quelques années, Balint estimait qu'au moins deux années étaient nécessaires, les professionnels sont à même de repérer une évolution dans leur façon d'exercer.

Reste que l'appellation de « groupes Balint » a été si utilisée pour désigner des groupes de travail où se réunissent des professionnels traitant du rapport à leurs pratiques qu'on a eu tendance à perdre quelque peu de vue les propositions initiales de M. Balint (Lucas, 1982). Aussi, quels sont les critères qui permettent de distinguer *groupes Balint* et *groupes d'analyse de la pratique* ? Trois, selon M. Soula-Desroche (1996/2000) :

– le registre analytique ou non du travail : alors que l'analyse des mouvements transférentiels et contre-transférentiels de praticiens intervenant sur la réalité psychique de sujets dont ils s'occupent constitue la principale visée des groupes Balint, il s'agit davantage d'un registre psychosocial dans les groupes d'analyse de la pratique.

– l'activité professionnelle : ce sont donc les valeurs, représentations, normes, croyances en rapport avec les situations professionnelles rapportées par les participants qui seront l'objet du travail d'exploration dans les groupes d'analyse de la pratique, d'où l'importance accordée moins à la profession qu'à l'activité professionnelle effective[34], alors que l'attention aux processus inconscients sera privilégiée dans les groupes Balint.

– le mode d'implication ou d'investissement : il concerne le praticien « en tant qu'acteur social s'il s'agit d'une Analyse de la pratique, et en tant que sujet en rapport avec sa propre histoire s'il s'agit d'un Groupe balint » (Soula-Desroche, 2000, p. 256).

Par-delà leurs différences, groupes Balint, groupes d'analyse de la pratique et séquences d'analyse de la

---

[34] Comme l'indique J. Chami (1998), la question de l'homogénéité professionnelle des groupes d'analyse de la pratique revêt une importance cruciale à partir du moment où le travail sur l'identité professionnelle apparaît comme l'enjeu majeur de l'activité formative.

pratique en stages de perfectionnement de la pratique relèvent d'activités de formation ayant pour visée essentielle le changement des personnes : remaniements identitaires en formation continue, sensibilisation en formation initiale. Lorsqu'en effet l'analyse de la pratique s'adresse à des professionnels en formation initiale, c'est-à-dire dans une phase de construction de l'identité professionnelle, il s'agira avant tout de sensibiliser ces futurs professionnels aux processus en jeu dans les situations d'interaction qui seront les leurs lorsqu'ils exerceront, situations qu'ils peuvent déjà rencontrer notamment lors de stages en milieu professionnel. Trop souvent exclusivement centrés sur les aspects opératoires de l'action professionnelle qu'ils cherchent d'ailleurs à « maîtriser », les futurs praticiens ont la possibilité, en participant au cours de leur formation initiale à des séances d'analyse de la pratique d'orientation psychosociologique, de découvrir l'intérêt d'une « mise en mots » des émotions et affects liés aux interactions en contexte professionnel.

Mais qu'en est-il lorsqu'un travail d'élucidation caractéristique de l'analyse des pratiques s'exerce dans des situations échappant à un contexte classique de formation, où des dimensions d'intervention sont présentes, c'est-à-dire lorsqu'il est mené au sein de « groupes réels » constitués de professionnels appartenant au même établissement ou au même service ? Quels aspects particuliers se font jour lorsque la visée, loin de se limiter à l'évolution des sujets, concerne davantage une dynamique collective ?

Interventions dans les organisations et consultations d'équipes d'orientation psychosociologique

Des pratiques diversifiées

D'usage fréquent dans le langage courant, le terme *intervention* sert à désigner, dans une acception plus technique, un type d'activités hybride empruntant à la fois :

– à des pratiques de recherche, les enquêtes en sciences sociales et humaines,

– à des pratiques de formation, principalement les méthodes de formation psychosociale,

– à des pratiques de débat social dont les formes peuvent se révéler multiples,

soit les trois sources techniques de l'intervention psychosociologique[35] répertoriées par J. Dubost (1987). En outre, plusieurs traits contribuent à structurer toute situation d'intervention : l'énonciation d'une demande, émanant d'un collectif et le concernant (établissement, ou sous-ensemble organisationnel d'un établissement, dans le cas de figure d'une intervention intra-organisationnelle), dans la mesure où ce collectif se trouve confronté à une situation-problème pour le traitement de laquelle il s'estime, à tort ou à raison, démuni et cherche de ce fait à obtenir le concours d'un tiers, consultant ou intervenant (individu ou équipe). On conçoit qu'en fonction du

---

[35] Les expressions dans lesquelles on retrouve le terme *intervention* se sont multipliées au cours des années soixante et soixante-dix, dès lors qu'il s'agissait soit de préciser le type de discipline auquel on se réfère préférentiellement - sociologie, psychosociologie, psychanalyse - soit d'affirmer un système d'orientations ou un type de démarche particulier grâce à diverses appellations : socio-analytique, socianalytique, socio-pédagogique, sociopsychanalytique, etc. Relevons la publication récente de deux ouvrages collectifs qui se réfèrent à la sociologie : Uhade (2001) et Vrancken et Kuty, (2001).

collectif considéré - le système client - (taille de l'organisation et domaine social : entreprise, établissement éducatif, organisme sanitaire ou social), du type de situation-problème, de l'intervenant contacté (ses options épistémologiques et visées idéologiques), les situations d'intervention se révèlent des plus variables.

Lorsqu'il est question de travailler à l'analyse des pratiques professionnelles dans une structure donnée, la place accordée aux praticiens peut s'avérer plus ou moins importante. Si la démarche est plutôt du type enquête, l'intervenant cherchera à rassembler un ensemble de données relatives aux pratiques (par observation, questionnaire, entretiens...), puis procèdera à leur analyse avant de restituer les résultats de son travail aux professionnels concernés. Mais, quant une visée de changement prime sur une visée de connaissance, une autre voie, moins en extériorité et qui caractérise davantage selon nous une approche d'orientation psychosociologique, consiste à emprunter à la formation psychosociale, en proposant des dispositifs dans lesquels l'analyse de la pratique s'effectue à partir des récits que font des professionnels de leur expérience au sein de « groupes réels » ou « groupes naturels », soit dans un contexte autre que de formation.

Analyser les pratiques professionnelles en situation d'intervention

L'intervention se différencie de la formation bien qu'on parle souvent de « formation intra » ou de « formation sur site » pour les distinguer d'actions de formation dites « inter-entreprises » ou « stages inter ». Mais ces expressions soulèvent un certain nombre d'ambiguïtés puisqu'en les utilisant on ne caractérise pas la nature de l'action, le type de processus pédagogique à l'œuvre. On signifie simplement que l'action se déroule sur le lieu de travail des stagiaires, que le formateur s'y est rendu pour animer le stage de formation, et, le plus souvent, on invoquera des raisons budgétaires ou financières pour justifier ce déplacement. En situation d'intervention, les dimensions collectives se révélant davantage prégnantes, le changement concerne certes les sujets mais aussi les structures organisationnelles au sein desquels ceux-ci sont amenés à évoluer.

L'appartenance à un même collectif de travail constitue un paramètre fondamental trop souvent négligé, voire ignoré, et dès qu'on s'adresse à un groupe de professionnels ayant des liens de travail obligés, alors des dimensions d'intervention sont nécessairement présentes. On utilise donc le terme d'intervention dans les cas où le travail s'engage à partir d'une demande qui concerne des agents appartenant à une même organisation, à un collectif de travail qui leur est commun. En ce cas, la finalité de l'action n'est plus seulement le changement ou l'évolution des personnes qui y participent mais aussi, peu ou prou, celui de leur collectif de travail[36].

Dans une action de cette nature, les interactions entre participants diffèrent de celles existantes dans des groupes de formation, c'est-à-dire dans des groupes réunissant de manière épisodique et limitée dans le temps un ensemble de professionnels exerçant dans des structures diverses. En présentant des situations de travail qui les questionnent, les professionnels ne traitent pas seulement des représentations qu'ils ont de ces situations, mais

---

[36] Il suffit d'interroger des professionnels de retour d'une session de formation « en inter » dans leur établissement. S'ils témoignent fréquemment des modifications résultant, à leur sens, de leur participation à cette session, par contre ils disent constater, parfois avec amertume, à leur retour qu'elle est restée sans effet sur leur collègues, et qu'en leur absence les modes de fonctionnement sont demeurés inchangés.

directement des problèmes rencontrés par les membres d'un groupe « réel » ou « naturel », c'est-à-dire inscrits dans un contexte institutionnel déterminé ; ce qui n'a rien d'évident dans la mesure où les professionnels ayant des liens de travail obligés peuvent être en désaccord sur la façon d'exercer ou en butte à des conflits interpersonnels induits par l'organisation du travail.

Secondairement, car c'est bien l'appartenance ou pas à un même collectif de travail qui apparaît avant tout déterminante, en fonction de la (des) catégorie(e) de professionnels et de leur type d'activité, des missions de leur service, des caractéristiques des clients, usagers ou bénéficiaires concernés, mais aussi de la position de l'intervenant (interne ou externe), de son identité professionnelle et de son inscription institutionnelle s'il est externe (free lance, salarié d'un organisme, universitaire...), de ses références théoriques (psychosociologie mais avec également des emprunts possible à la sociologie, la psychanalyse...), de ses options techniques et des règles de fonctionnement qu'il instaure (privilégie-t-il l'aspect procédural de l'activité des professionnels ou leur implication dans l'action et la relation qu'ils entretiennent aux usagers ? Quelle place accorde-t-il au travail de et en groupe ?)... les modalités du travail d'analyse peuvent apparaître très diverses.

Supervision et consultation

Selon les aspects sur lesquels porte le travail d'élucidation, on distinguera avec J.C. Rouchy (1987/1998) entre supervision et consultation.

En supervision, on se penche avant tout sur le type de démarche ou d'approche mise en œuvre dans le rapport aux clients, usagers ou bénéficiaires dont les professionnels s'occupent, et ce dans un registre psychanalytique si l'élucidation des mouvements transférentiels et contre-transférentiels à l'œuvre dans les pratiques du groupe de professionnels constitue l'axe de travail retenu ; mais si ces professionnels interviennent davantage sur la réalité des personnes auxquels ils s'adressent, l'approche sera plutôt psychosociologique.

Dans un travail de consultation, les dimensions explorées diffèrent. On se focalise sur les modes de fonctionnement institutionnel, le projet du service ou de l'établissement, son mode d'organisation, les rapports entre professionnels, les valeurs qui orientent leur démarche...

Toutefois, lorsqu'on analyse les pratiques professionnelles en situation d'intervention et ce, quels que soient les axes d'investigation privilégiés au départ, il est rare que le travail d'exploration ne concerne pas à un moment ou à un autre aspects d'ordres institutionnel et relationnel. Dans la mesure où le travail se focalise sur les dimensions collectives, les démarches de supervision et de consultation apparaissent ainsi comme l'une des voies possibles pour accompagner au changement organisationnel ou pour contribuer à la régulation institutionnelle, notamment grâce à l'élucidation de conflits d'équipe.

Conclusion

Comme d'autres formes d'analyse des pratiques professionnelles, les approches d'orientation psychosociologique sont susceptibles de contribuer avantageusement à la construction de l'identité professionnelle des praticiens, notamment de ceux dont l'activité accorde une place prépondérante à la relation à autrui, en leur permettant d'accéder à une meilleure compréhension de la spécificité de leurs activités. Que les dispositifs qui s'en inspirent relèvent du champ de la formation ou de l'intervention, qu'ils visent davantage au renforcement de la qualification professionnelle et/ou au développement des dynamiques institutionnelles, on saisit bien l'intérêt qu'ils représentent et qu'il y aurait à les promouvoir afin qu'ils puissent concourir à l'amélioration des pratiques professionnelles dans des domaines diversifiés.

Références bibliographiques

Aubert N., de Gaulejac V., Navridis K. (dir.), (1997), *L'Aventure psychosociologique*, Paris, Desclée de Brouwer.

Barbier J.M. (dir.), 1996), *Savoirs théoriques et savoirs d'action*, Paris, PUF.

Blanchard-Laville C. et Fablet D. (coord.), (1996), *L'Analyse des pratiques professionnelles*, Paris, L'Harmattan (nouvelle édition, 2000).

Chami J. (1998), « L'analyse des pratiques professionnelles et sa dimension formative », in Blanchard-Laville C., Fablet D. (coord.), *Analyser les pratiques professionnelles*, Paris, L'Harmattan, 57-77 (nouvelle édition, 2000, 61-84).

Connexions n° 42, 1984, « Psychologie sociale et Psychosociologie ».

Dubost J. (1987), « Sur les sources techniques de l'intervention psychosociologique et quelques questions actuelles », *Connexions* n° 49, 7-28.

Enriquez E. (1999), *Le Goût de l'altérité*, Paris, Desclée de Brouwer.

Fablet D. (1998), « De la formation à l'intervention. Une expérience de consultant(s) interne(s) en milieu administratif », in *Connexions* no 71, 1998/1, 143-172.

Fablet D. (2000), « Intervention-formation et consultation d'équipes en structures d'éducation résidentielle », in Blanchard-Laville C. et Fablet D. (coord.), *Pratiques d'intervention dans les institutions sociales et éducatives*, Paris, L'Harmattan, 191-220.

Imbert F. (2000), *L'Impossible métier de pédagogue*, Paris, ESF.

Laot F. (1999), *La Formation des adultes. Histoire d'une utopie en acte. Le complexe de Nancy*, Paris, l'Harmattan.

Liu M. (1997), *Fondements et pratiques de la recherche-action*, Paris, l'Harmattan.

Lucas P. (1982), « Il ne suffit pas d'appeler un groupe *Balint* », *Connexions* n° 36, 111-118.

Maisonneuve J. (1968), *La Dynamique des groupes*, Paris, PUF.

Maisonneuve J. (1997), *Introduction à la psychosociologie*, Paris, PUF (8ème édition refondue).

Moreau-Ricaud M. (2000), *Michael Balint. Le renouveau de l'École de Budapest*, Toulouse, Érès.

Rouchy J.C. (1987/1998), « Problématique de l'intervention », *Connexions* n° 49, 29-42 (version revue et augmentée en 1998 : *Connexions* n° 71, 11-27).

Soula-Desroche M. (1996), « L'identité professionnelle en travail. L'analyse de situation professionnelle dans la formation des praticiens », in Blanchard-Laville C. et Fablet D. (coord.), *L'Analyse des pratiques professionnelles*, Paris, L'Harmattan, 233-243 (nouvelle édition, 2000, 255-267).

Uhade M. (dir.),(2001), *L'Intervention sociologique en entreprise*, Paris, Desclée de Brouwer.

de Visscher P. (1991), *Us, avatars et métamorphoses de la dynamique des groupes*, Grenoble, Presses Universitaires de Grenoble.

Vrancken D., Kuty O. (dir), (2001), *La Sociologie et l'intervention. Enjeux et perspectives*, Paris, de Boeck.

8

Analyse des pratiques et analyse institutionnelle

Jacky Beillerot

Au fur et à mesure que l'analyse des pratiques s'étoffe, c'est-à-dire qu'il en est montré la diversité, l'étendue et la variété, l'analyse institutionnelle devient exsangue. Reine des discours, voire de l'édition entre 1965 et 1975, elle ne fait plus guère parler d'elle, au point que les plus jeunes l'ignorent complètement. Rappelons en donc quelques éléments des plus familiers, pour ensuite chercher à comprendre ce que ces pratiques ont en commun et portent de différent.

L'analyse institutionnelle est une variante de l'analyse des institutions, mais dans les deux cas, ce qui est affiché comme caractère pertinent des données sociales est la notion d'institution. Pour définir et comprendre la construction et le développement des sociétés historiques ou contemporaines, l'observateur choisit alors ce terme comme le plus englobant, mais aussi comme le principal « descripteur ». D'autres notions peuvent être utiles et nécessaires, comme *organisation*, *structure*, *système*, mais elles nomment des plans, des niveaux, des instances et ne deviennent pas l'ultime notion, la dernière. Le livre d'Eugène Enriquez : *L'organisation en analyse* (Paris,

PUF, 1992)[37], rend compte de cette question, même si l'auteur choisit l'organisation comme notion centrale.

Beaucoup plus modestement, on peut prendre connaissance de *L'institution. Textes Français contemporains de base* (Université Paris X Nanterre), 1994, dans lequel je propose de lire des extraits d'ouvrages et où l'on voit qu'il y a alors plutôt pléthore de définitions et de références qu'indigence. Si pour faciliter la suite de la lecture du présent article, il faut se rallier à une position, j'opterai pour la suivante, la plus simple : *ensemble des structures sociales et juridiques que la coutume, la loi ou le droit public, ont établies pour organiser la vie de la communauté*.

Cette définition qui permet de souligner que le niveau institutionnel de l'organisation est sa fondation même, celle de son origine, de ses missions, de ses tâches et fonctions, en même temps que son histoire et ses mythes. Au sens large donc, analyser les institutions est, comme le propose Eugène Enriquez, analyser différents niveaux ou si l'on préfère, analyser au sens propre, c'est-à-dire décrire et décomposer en éléments toujours plus simples, l'organisation du travail, la production, l'effectuation des tâches, le recrutement et la sociologie du personnel, les interactions, les interrelations des faits entre eux, de chaque niveau avec sa hiérarchie supérieure et celle des subordonnés, c'est aussi, si l'on veut connaître l'histoire de cette institution, la succession de ses règles et règlements, suivre l'évolution des clients, usagers ou bénéficiaires, connaître l'état des marchés et les changements de l'environnement, s'intéresser aux groupes de pression, aux conflits entre les personnes, aux embauches et aux démissions, etc.

---

37 Ou encore du même auteur : *Le goût de l'altérité*, Desclée de Brouwer, 1999.

Et pour toutes les données, on peut non seulement convoquer le droit, les sciences politiques, les sciences économiques et la gestion, la sociologie, la psychologie sociale, mais aussi la psychanalyse et la linguistique, en même temps que, dans chaque discipline, on peut faire encore des choix ou des tris théoriques, et pas seulement entre des courants de pensée, mais bel et bien entre des grandes conceptions du social et de la société.

On aurait alors envie d'écrire face à un tel programme d'études, de recherches ou de réflexions, que finalement « l'analyse des institutions » est une notion qui ne nomme rien et surtout pas une manière de conduire l'analyse ; tout au plus, elle met en avant la dimension « institution » du réel social.

L'analyse institutionnelle, quant à elle, s'est développée un peu à la manière de *Frigidaire* pour les réfrigérateurs, quand une marque se substitue au terme générique. Dans les années 1960, des thérapeutes, des pédagogues, puis des universitaires, se rencontrent et se retrouvent autour de quelques notions et pratiques, dont l'adjectif institutionnel assurera à lui seul l'identité : pédagogie institutionnelle, analyse institutionnelle, intervention institutionnelle, etc. Le marxisme voisine la psychanalyse, l'anarchie, l'autogestion. C'est d'abord à la psychologie sociale que les uns et les autres empruntent la vie des groupes et leur dynamique, les rôles et les statuts, puis l'importance accordée aux réunions, aux assemblées. Plus tard, la psychanalyse permettra de repérer les notions de cadre, d'inconscient. Toutes les disciplines se retrouvent pour accréditer la notion de conflit.

Mais que visent ou que visaient les pratiques dites institutionnelles ? Celles dont le but est de soigner ou d'enseigner, pour garder les cas types, voulaient transformer les modes d'organisation du travail, mais aussi mettre en place des dispositifs de parole et d'analyse des relations et des rapports sociaux des malades et des élèves, des soignants et des enseignants. L'idée principale simplifiée est la même : la santé et l'apprentissage dépendent étroitement des rapports de pouvoir et des relations psychiques qu'entretiennent toutes les personnes présentes dans une institution.

Les interventions institutionnelles, quant à elles, affichent une double visée, à moins que ce soit, selon les cas, l'une plutôt qu'une autre. Soit, il s'agit d'aider au changement, à la transformation des relations sociales et le tout en faveur d'une plus grande répartition des pouvoirs, soit l'intervention est l'occasion sans doute de remaniements psychiques et organisationnels, mais pour l'essentiel, les intervenants cherchent à recueillir du matériel par l'observation de réunions, la conduite d'interviews, ou la participation quasiment ethnologique à la vie de l'institution rencontrée : la dimension de production de connaissances sur les processus sociaux est alors largement privilégiée.

Quelles que soient les inspirations et les façons de faire, les pratiques d'analyse institutionnelle ont en commun l'appropriation par les personnes travaillant, ou constituant chaque institution (entreprise, école, hôpital), d'une part plus ou moins grande du pouvoir. Les grandes transformations des sociétés, voire les révolutions, ne peuvent advenir que des avancées « locales » et multiples, d'autant que les changements sociaux ne sont plus perçus comme étant de l'ordre d'une polarité simple (socialisme contre capitalisme, par exemple), mais compris comme étant de l'ordre des processus. Ainsi, la démocratie n'est pas un état de fait qui va de soi. On n'en a jamais fini de conquérir davantage de vie démocratique ; de même, on se met à penser que si les rapports sociaux sont structurés par des statuts, ils sont aussi vécus par des humains dotés chacun d'inconscient, et donc que les émotions, les pensées et les souffrances de la vie institutionnelle sont à considérer et à comprendre.

L'analyse institutionnelle ainsi schématiquement résumée peut-elle être, à son tour, candidate au titre d'analyse des pratiques professionnelles ?

Sur un certain plan oui, sur un autre, non. Oui, pour ce qui est de la dimension relationnelle et psychique du travail ; oui encore, pour ce qui est des modalités de décision et d'organisation. Non, en revanche, si on estime qu'une analyse des pratiques professionnelles s'intéresse aux dimensions techniques des métiers, à leur évolution. Là, l'analyse institutionnelle est aveugle.

Et la question inverse, l'analyse des pratiques professionnelles est-elle une analyse institutionnelle ? Parfois oui, le plus souvent, non. Pour qu'une analyse des pratiques contribue à une analyse institutionnelle, il faut qu'elle s'intéresse à « l'insertion » des pratiques de pouvoir. Mais alors, l'analyse des pratiques doit assurer sa visée de changement des relations de pouvoir, autrement dit, assurer ce que l'on peut nommer une intervention, au sens psychosociologique du terme (*L'intervention institutionnelle,* Paris, Payot, 1980).

On peut comprendre l'histoire de la pensée des dernières décennies en France comme une suite de dogmes successifs et intolérants. On ne sera alors pas surpris des hostilités et des combats entre les tenants du sociologique et ceux du psychologique sans compter les oppositions entre freudiens et marxistes, ou entre idéologues et empiriques. Nous sommes peut-être plus aptes aujourd'hui à nous garder des extrêmes, à chercher à comprendre et à agir selon divers ordres plus ternaires que binaires. Ainsi, considérer que l'humain se déploie en trois termes : l'individu, le collectif, le social, ou que l'activité requiert des dimensions imaginaires, symboliques, techniques, est plus propice à éviter l'instrumentalisation de l'activité professionnelle et à la rendre moins dépendante des idéologies stéréotypées[38].

Note bibliographique

Il convient de se souvenir qu'historiquement, en France, ce sont d'abord les pratiques alternatives dans les institutions qui ont vu le jour. Pendant la seconde guerre mondiale, s'invente ce qui deviendra la psychothérapie institutionnelle, puis quelques années plus tard la pédagogie institutionnelle. L'analyse institutionnelle proprement dite se fera connaître à la fin des années 1960.

Pour approfondir toutes ces questions il vaut mieux reprendre les bons ouvrages « princeps » :

Tosquelles F. (1966), « Pédagogie et Psychothérapie institutionnelle », n° spécial de la *Revue de psychothérapie institutionnelle* (Réed. *Éducation et Psychothérapie institutionnelle*, Paris, Matrice, 1984).

Vasquez A., Oury F. (1967), *Vers une pédagogie institutionnelle,* Paris, Maspero (Réed. Paris, Matrice, 1991).

Lapassade G. (1968), *Groupes, organisations, institutions*, Paris, Gauthier-Villars.

Loureau R. (1970), *L'Analyse institutionnelle*, Paris, Éd. de Minuit.

À coté du mouvement dominant représenté par les auteurs cités, un autre courant a été fondé par Gérard Mendel et le groupe Desgenettes de sociopsychanalyse. Ici on peut lire :

---

[38] Les lecteurs intéressés peuvent se reporter à l'œuvre de Gérard Mendel, inventeur de la sociopsychanalyse ou aux divers ouvrages de René Lourau.

Mendel G. (1968), *La Révolte contre le père, Introduction à la sociopsychanalyse,* Paris, Payot.

Pour des références plus récentes :

Enriquez E. (1997), *Les Jeux du pouvoir et du désir dans l'entreprise*, Paris, Desclée de Brouwer.

Lévy A. (1997), *Sciences cliniques et organisations sociales*, Paris, PUF.

Mendel G. (1999), *Le Vouloir de création*, Paris, Éditions de l'Aube.

Références bibliographiques

Beillerot J. (1994), *L'Institution. Textes Français contemporains de base*, Publidix, Université Paris X Nanterre.

Coll. (1980), *L'Intervention institutionnelle,* Paris, Payot.

Enriquez E. (1992), *L'Organisation en analyse*, Paris, PUF.

Enriquez E. (1999), *Le Goût de l'altérité,* Paris, Desclée de Brouwer.

9

Formation et management : quelques éléments conceptuels pour une analyse de pratiques

Dominique Lecoq

La formation pourrait être présentée dans notre époque comme une activité sans concept, ou, pour paraphraser François Jullien à propos de la guerre, une activité qui, pour être pensée, ne peut l'être que dans sa manière de trahir son concept. Il s'agira donc, notamment à l'occasion fournie par une approche du management et des formations auxquelles il donne lieu, de saisir la fondation possible de ce concept, voire d'établir l'espace qu'il occupe.

En effet, la formation recouvre, selon le type de discours dans lequel on l'invoque, tantôt un dispositif juridique et fiscal, inauguré en France par la loi de juillet 1971, tantôt une revendication sociale élevée au rang d'instance réparatrice (« la seconde chance » qui en suppose une première évidemment jamais située), tantôt une injonction politique (dont la dernière profération européenne recommande de « se former tout au long de la vie »), tantôt une prescription économique et guerrière (l'ajustement aux besoins du marché dans une visée stratégique et concurrentielle), tantôt encore la pratique même qui, répondant à des demandes fort diverses, constitue la pédagogie - l'usage de cette notion, s'agissant d'adultes, mérite au moins réflexion - comme l'acmé de son acte professionnel. La volonté d'identifier la formation à l'une de ces occurrences possibles fait entrer la notion dans une logique exogène qui, pour être propre à chacun des champs où elle s'exerce, la subordonne à une fonction technique, le plus souvent d'import et d'appoint. Mais elle ne permet pas de conceptualiser la notion elle-même, comme si celle-ci avait vocation à répondre toujours d'une *teknè*, jamais d'une *epistemè*. Autrement dit, la formation n'est pas seulement un outil ou une production d'outils répondant à des besoins et qui relèverait de la seule ingénierie; elle a aussi pour nécessité de penser ce qui la fonde en tant qu'activité humaine, sauf à ne pas vouloir savoir ce qu'elle fait avec les personnes qui entrent dans ses dispositifs.

Sur la formation

En étudiant la réalité de la formation, apparaît une question difficile à formuler dont l'invitation de plus en plus insistante à pratiquer et à étendre l'évaluation paraît le symptôme et non la réponse. Cette centration sur l'évaluation privilégie une conception procédurale de l'acte formatif dont l'objectif devient la conformation, non la formation. Il n'est pas question de penser mais de fonctionner. Derrière cette observation se profile une conception gestionnaire du management, portée par un discours dont la rhétorique de maîtrise est élevée à la dignité d'un objectif de formation. L'efficacité demandée se confond avec la rentabilité de l'investissement. Souci légitime certes, mais parce qu'il se définit par une accumulation de connaissances, il constitue souvent une barrière à la construction du savoir.

La distinction nette entre ces deux termes doit être opérée si l'on veut saisir ce que former veut dire. En effet, l'étymologie qui par la notion de discernement rapporte le savoir - le *sapere* latin - au grec *krisis*, le choix, l'action de séparer, enseigne qu'il n'y a de savoir que dans ce qui sépare. Autrement dit, ce rapport du savoir et de l'inceste, qu'élabore la culture occidentale dans le mythe d'Oedipe, apparaît dans sa contradiction de principe. Seule l'acceptation de ce savoir fondateur de toute société humaine - l'interdit de l'inceste - donne à chacun des sujets humains l'accès à la négativité. Et, du même coup, pour limiter notre réflexion à la pratique de la formation, elle leur ouvre l'expérience du non savoir.

Cette disposition est particulièrement sensible dans la pratique d'accompagnement personnalisé (désigné dans la littérature professionnelle sous le vocable de *coaching*) de hiérarchiques, qui se trouvent soit nouvellement promus, soit nommés responsables de projet, soit soumis à des difficultés particulières. Lors de ces colloques singuliers, parfois longs d'une année pleine, qui réunit l'accompagnant et l'accompagné, l'interrogation sur la compétence qui fonde la demande sert fréquemment à voiler des doutes plus profonds qu'il convient d'entendre.

Du sujet et de l'institution

La réflexion développée dans ces pages s'inaugure de cette clinique dont la théorisation emprunte le plus souvent à des concepts freudiens. Pour bien situer la perspective développée, nous l'inscrivons pleinement dans la proposition du psychanalyste Serge Leclaire quand il énonce que « prétendre à une pratique sociale implique une reconnaissance ferme et constante de ce en quoi consiste la fonction-sujet et une familiarité suffisante de la pratique du sujet de l'inconscient »[39]. À ce point arrivé, nous pouvons saisir le paradoxe du sujet qui est d'appartenir, en même temps et d'une manière indécidable, à une histoire qui l'institue et à une institution qui l'historicise, en l'assignant à une place et dans une durée, dont la mesure dépend d'une construction sociale qui lui préexiste. Cela entraîne que la distinction entre individu et collectif n'a aucune pertinence en ce qui concerne le sujet humain au travail. Elle interdit même de penser, par exemple, les effets souvent catastrophiques de licenciements sur ceux qui partent comme sur ceux qui restent, ainsi que nous avons été souvent amenés à l'entendre. Le sujet humain ne se constitue que d'être une *intension* entre-deux, pour praraphraser Gilles Deleuze. Mais, si cela ne peut être ramené ni à l'individuel, ni au collectif, de quel entre-deux s'agit-il ?

Dans son traité *De humanis dignitate*, celui qui passait pour posséder toutes les connaissances disponibles de son temps, Pic de la Mirandole, prête à Dieu s'adressant à Adam ces paroles qui annoncent le Zarathoustra de Nietzsche : « Je ne t'ai fait ni céleste ni terrestre, ni mortel ni immortel, afin que souverain de toi-même, tu achèves ta forme librement ». Cet entre-deux de principe, constitutif de l'humain, ne trouve son expression que dans cette forme à toujours achever, dans cette formation que l'on pourrait qualifier de permanente à vouloir ignorer la finitude de l'être. L'originalité de Pic n'est pas d'avoir acquis toutes les connaissances possibles, mais c'est d'avoir voulu entendre quelque chose dans la pluralité des sources, qu'elles soient chrétienne, grecque, hébraïque, musulmane, quelque chose qui soit interprétable par lui à cette époque de Renaissance. La

---

[39] Sur ce point, voir notre préface à la deuxième partie du livre de Leclaire (1998).

formation ne consiste pas à accumuler des connaissances - en ce sens, certains stages, par exemple ceux qui consistent à transmettre des savoir-faire que l'usage d'une nouvelle technique ou d'un nouveau logiciel réclame, n'ont de formation que le nom et souvent pour des raisons purement fiscales : selon la formule déjà employée, ce sont des stages de conformation - la formation consiste à entendre quelque chose dans cette accumulation de connaissances qui puisse constituer un savoir pour le sujet qui le reçoit.

Maud Mannoni faisait remarquer que « *institutio* en latin a (...) le double versant que suppose ce mot : instruire et instituer... Le savoir y est appelé à avoir une fonction fondatrice sur le sujet et, par sa conservation, à annuler la finitude de chacun par l'éternité de l'institution ». L'institution possède une fonction fondatrice, elle a un rapport avec la constitution d'un sujet humain et elle pose la question de sa souveraineté. Au dix-septième siècle, le juriste allemand von Pufendorf avait déjà pointé cette intuition qui courait dans le droit romain et que les professionnels de la formation feraient bien de ne pas oublier dans la construction de leurs dispositifs : « Les hommes ne sont pas des choses, ils ne se possèdent que par institution ». Certes ces concepts de sujet, de souveraineté, de fondation portent en eux-mêmes des ambiguïtés qui ne pourront pas être entièrement levées, mais ils donnent à la relation du sujet à l'institution une consistance autre que celle, aporétique, de l'individu au collectif. Car c'est bien autour de la consistance de ce sujet institué par le procès de travail que tourne la formation.

Si l'on pense à la place qu'une personne occupe par exemple dans l'entreprise, on mesure que c'est une place toujours en risque d'être vide (vidée, cela s'appelle une procédure de licenciement) puisque aucune institution ne pourrait tolérer, sauf à programmer sa disparition, que son existence dépende de la présence d'untel à telle place. Par conséquent, chaque personne qui occupe une place est nécessairement interchangeable avec une autre ou avec rien, ce qui introduit dans toute occupation une dimension d'espace et de temps liée à la place et non à la personne.

Mais la psychopathologie du travail enseigne, à propos de l'entreprise, que d'y être ou de ne pas y être n'assure pas la consistance du sujet, ni même ne permet d'affirmer que, pour quelque institution, il existe des sujets. Si la question ne se pose pas pour celle-ci, cela signifie seulement qu'elle n'a pas à en répondre autrement qu'en comptant des personnes (ici convient le terme d'individu, notion juridique ou comptable) qui, d'être nommées par elles, inscrites sur des registres, font partie de l'institution. Mais la question se pose pour qui doit répondre de son travail par rapport aux objectifs légitimement fixés par le management, c'est-à-dire surdéterminés par le texte fondateur de l'institution.

Dans la perspective que nous soutenons, le procès du travail comporte toujours une adresse à l'autre et, par conséquent, fonde la possibilité que du sujet émerge. Cette marque fondatrice, que traduit la locution en usage chez les Latins de *vitam instituere*, ouvre le sujet à cette division qu'opère en lui la parole qu'il adresse à l'autre : « Le sujet donc, on ne lui parle pas. Ca parle de lui, et c'est là qu'il s'appréhende » (Lacan, 1966, p. 835). Et pour mieux préciser la portée de l'opération : « Si ça parle dans l'Autre, que le sujet l'entende ou non de son oreille, c'est que c'est là que le sujet, par une antériorité logique à tout éveil du signifié, trouve sa place signifiante. La découverte de ce qu'il articule à cette place, c'est-à-dire dans l'inconscient, nous permet de saisir au prix de quelle division (Spaltung) il s'est ainsi constitué » (Lacan, 1966, p. 689).

Ce point est décisif car il vide de sens la notion d'intersubjectivité et il invalide les critiques portées par tout un courant philosophique contre le sujet, qui serait autoproclamé, autosuffisant voire tout puissant et, pour faire bonne mesure, responsable des tragédies qui ont marqué le vingtième siècle. Parce qu'elle porte une éthique de la déliaison, la psychanalyse seule permet de penser ce fait qu'il n'existe pas d'intersubjectivité. La conséquence est immense car, au travail, c'est dans l'espace créé entre le sujet et ce qui le représente pour un autre sujet que va se placer la question de la compétence. Et celle insistante de la reconnaissance dont on sait que le sentiment de son absence est la cause première de la souffrance dans l'entreprise, souvent exprimée dans ce sentiment si singulier d'être inutile. Parce qu'elle choisit, certes à son insu, de travailler avec ce qu'elle reconnaît comme un individu ou comme une collection d'individus, la formation se met dans l'impossibilité de penser la question du sujet et dans la situation d'empêcher son émergence. Elle privilégie l'organisation de dispositifs fondés sur une logique procédurale qui ne peut satisfaire que le seul commanditaire en confortant son sentiment de maîtrise.

Le sujet de la formation est bien ce sujet divisé dont parle la psychanalyse, mais il importe de retenir ce point décisif pour la pratique formative, que ce que le sujet apporte ne relève pas du signifié (ce qui réduirait la formation à une pratique de communication) mais bien du signifiant (ils sont au moins deux[40]) qui lui donne consistance.

---

[40] Pour éclairer cette incise et situer la difficulté qu'elle recèle, cette citation de François Périer (1998, p. 246) : « Le sujet est toujours celui qui est dans le clivage entre deux signifiants, aucun des deux signifiants ne pouvant lui conférer son identité définitive, c'est-à-dire le chosifier, en faire un signifié en quelque sorte ».

La fondation

Sauf à vouloir recourir à la métaphysique, il convient dans la pensée de l'institution de distinguer nettement le fondement, qui est recherche sur l'origine, de la fondation qui est un processus, celui qui intéresse notre réflexion. Pierre Legendre définit le mécanisme institutionnel comme « la fonction normative en toute culture ». Il poursuit : « Cette fonction consiste à nouer ensemble trois éléments par lesquels tient la vie dans l'espèce humaine : le biologique, le social, le subjectif » (Legendre, 1999, p. 143). Sur le nouage, notamment du social et du subjectif, nous nous en tiendrons à un commentaire de la citation de Serge Leclaire, donnée plus haut, et que l'on pourrait énoncer ainsi : la société dans son ensemble, et a fortiori l'institution, doit être comprise comme une fonction pour le sujet divisé.

On voit que si l'institution a pour vocation d'assigner à chacun une place, le propre du sujet souverain est d'affirmer qu'il se situe du côté de l'exception. Sauf à considérer qu'il est à la fois réductible à la tâche qui l'occupe et complètement interchangeable avec tout autre humain pour l'institution qui l'emploie : ce serait au fond une bonne définition de cette réalité sociologique que désigne le terme d'individu, catégorisé en agent de production, employé ou cadre. Mais le sujet, lui, est divisé, d'abord par le langage (en cela, il n'est jamais réductible à cet in-dividu qui se définit de n'être pas divisible), et il est aussi traversé par cette contradiction qu'il n'existe que d'être l'exception dans une institution qui ne connaît que la règle commune.

Il faut tirer les conséquences de ce fait, si l'on veut saisir l'objet de la formation. La première est relative à l'inscription du sujet dans l'institution. Peu importe la forme qu'il prend, la réalité historique ou mythique qu'il recouvre, mais au principe de toute fondation est inscrit un texte ou un récit fondateur qui fera loi et à partir duquel l'institution - que ce soit la nation, l'entreprise, l'association, la communauté, le réseau - se trouve légitimée dans son existence et dans ses actes. Mais, dès lors qu'il y a loi, tout sujet humain qui participe d'une institution, se trouve placé en état de faute. Non qu'il exerce une transgression - ce serait un acte - mais, au sens premier que porte la notion de faute, il est en dette vis-à-vis de l'institution, et à commencer par cette institution première qu'est la famille. Il est intéressant de noter que ce fait est corroboré par des études sociologiques concernant la formation. Il s'exprime par ce résultat que, contrairement à l'objectif annoncé de la formation, la mobilité des salariés formés est dix fois inférieure à celle des salariés non formés. Ce résultat qui apparaît comme un dysfonctionnement de l'appareil de formation doit s'interpréter en rapport avec la question de la dette, et, s'agissant du savoir, d'une dette symbolique autrement contraignante que l'invitation à la mobilité. Pour insister sur ce point encore plus fortement, il convient de rapporter que, dans la conduite du coaching, la question de la dette relative au paiement des séances par l'entreprise fonctionne comme une instance inhibitrice de la construction du savoir qu'il importe de pouvoir lever.

La seconde conséquence est relative à la nature du pouvoir dans l'institution. Elle explique aussi pourquoi cette réflexion est venue à l'occasion de formations au management et de leur rapport avec la question de la compétence. Pour reprendre la tradition romaine, bien vivante jusqu'à l'époque médiévale[41], il convient de distinguer, dans l'exercice du pouvoir, ce qui relève de la

[41] À la fin du cinquième siècle, le pape Gélase Ier écrivait à l'empereur Anastase Ier : « Duo quippe sunt quibus principaliter mundus hic regitur : auctoritas sacra pontificum et regalis podestas ».

potestas et de l'*auctoritas*. Par exemple, le pouvoir de nommer dans l'entreprise (cela signifie concrètement avoir la capacité légitime d'inscrire le nom d'une personne et de l'affecter au poste précis qu'elle occupera) ressortit de la *potestas*; la compétence reconnue par les collègues (elle est indépendante de la nomination à un poste) marque le territoire de l'*auctoritas*. Aussi la reconnaissance possible au travail n'est jamais la reconnaissance d'une personne en tant que telle, mais reconnaissance de ce qui fait signe à l'autre d'un savoir qu'il n'a pas.

Mais lorsque le formateur se trouve face à un groupe de personnes ou face à un cadre seul, appartenant à l'entreprise commanditaire, la demande qu'ils font entendre ne relève pas de la seule *potestas*, dont chacun est porteur par délégation hiérarchique, mais bien de l'*auctoritas*, cette partie du pouvoir qui ne se délègue pas mais qui est reconnue ou non par les pairs. La demande seconde à celle du commanditaire, et qu'exprime le sujet humain au travail dans l'institution, vise à élaborer les termes de la contradiction qui peut s'énoncer ainsi : comment l'injonction institutionnelle adressée par la *potestas* à un individu interchangeable peut-elle être reçue par tel sujet humain comme une invitation singulière à développer l'*auctoritas* ? On voit que la réponse ne peut se jouer que sur le plan de la négativité à l'œuvre, car telle est bien la condition fondatrice de toute innovation possible et en dehors de quoi, elle ne saurait advenir. Le reste n'est qu'incantation, c'est-à-dire adresse imaginaire d'une plainte répétitive de la *potestas* qui jette la faute sur les individus et leur présumée incompétence.

La formation serait donc une manière d'éprouver l'œuvre de la négativité, le non savoir, non dans un dépassement à la manière de l'*Aufhebung* de Hegel, mais comme une épreuve continue dont dépend l'affirmation qu'un sujet existe là où l'institution ne le requiert nullement et que l'exercice de sa souveraineté est possible là où elle est par définition déniée.

La souveraineté

Que l'on entende bien que souveraineté, dans ce cadre là, ne signifie pas ce qu'un légiste comme Antoine Loysel traduisait par le formule : « Sy veult le roy sy veult la loy ». Il s'agirait plutôt, pour reprendre la pensée de Georges Bataille, d'une souveraineté acéphale qui se caractériserait par un mouvement d'approfondissement de sa finitude, d'expérience de ses limites. C'est bien ce qui peut se jouer dans l'espace ouvert par la formation à condition qu'au moins un de ceux qui l'ordonnent - il s'agit le plus souvent de l'intervenant - en sache quelque chose. « L'autonomie - la souveraineté - de l'homme se lie au fait qu'il est une question sans réponse » (Bataille, 1973, p. 381). À cette condition, la formation devient alors une communauté d'expérience - quel que soit le nombre des participants - dont la finalité n'est pas seulement de transmettre des connaissances pour, en quelque sorte, boucher un manque qui aurait été repéré, mais bien de construire un savoir. Pour ce faire, l'intervenant, par son positionnement du côté du non savoir, doit permettre à une parole d'advenir pour que de ce manque quelque chose puisse être élaboré comme savoir propre à chacun des sujets. Alors une part de l'imaginaire, ce qui ordonne la répétition, la routine, tombera pour laisser place à du nouveau, provoquant un accroissement de l'espace symbolique qui, dans ce qui sera le plus créatif, ira pour le sujet du côté de son désir. Le savoir sépare en ce sens que l'expérience de la formation, ou la communauté d'expérience, réussit plus ou moins à faire que le sujet apprend à vivre en acte la contradiction qui le fonde d'être seul en présence des autres, pour reprendre la formule forte de Winnicott. Si le paradoxe de la formation signifie qu'il faut qu'il y ait perte pour qu'il y ait innovation, ce que la psychanalyse repère quant à elle dans la conduite de la cure, l'économiste autrichien Josef Schumpeter l'avait formulé, dans la pensée de l'entreprise, sous le concept de destruction créatrice qu'il plaçait au cœur même de l'innovation.

Parce que la formation agit pour développer la seule *auctoritas*, elle ne peut prétendre à construire ni valider la compétence qui est subsumée dans l'institution conjointement par la *potestas* et par l'*auctoritas*. Cela permet de risquer cette proposition : si le développement de l'*auctoritas* constitue l'objet de la formation, si, de ce fait la formation ne peut être distinguée dans ses objectifs du management, la compétence d'un sujet humain est une hypothèse qui se vérifie dans le discours de l'autre. En conséquence elle doit être comprise comme constitutive du lien social dans l'entreprise.

Ainsi la compétence est-elle le signifiant d'un sujet pour tout autre sujet au travail. Dans le même temps, elle désigne ce que, dans le sujet humain, l'institution ne peut pleinement reconnaître et qui constitue sa part maudite, selon l'expression forte de Georges Bataille, sauf à la morceler dans l'insensé taxinomique des anciennes compétences, l'égrènement comique des savoirs, savoir-faire et savoir-être, qui prétendent occuper la position dogmatique concernant la vérité des personnes au travail[42].

---

[42] Dans un document interne à une grande entreprise française qui expose les dix compétences comportementales nécessaires pour préserver son *employabilité* et affirmer son *charisme*, la direction des ressources humaines ajoute ce commentaire - évidemment aveugle à son idéologie sous-jacente : « Si on développe bien nos cadres sur les dix compétences comportementales que nous avons définies, et qui sont un levier sur les résultats, nous allons accroître les performances et atteindre nos objectifs de leadership sur nos marchés ».

En cette conjonction, la formation pourrait se repérer comme un mode d'emploi de la négativité dans l'institution, ou, pour l'exprimer autrement, du côté du renoncement pulsionnel, comme une sublimation de la pulsion de mort. De fait, dans un ajout qui date de 1915 à ses *Trois essais sur la théorie de la sexualité* (1905), Sigmund Freud écrit que l'action de la pulsion de savoir « correspond d'une part à un aspect sublimé de la pulsion de destruction - c'est le nom emprunté alors à Sabina Spielrein que Freud donne à ce qui deviendra plus tard, quand le sujet oriente la destruction contre lui-même, la pulsion de mort - et d'autre part, elle travaille avec l'énergie scopique ». Savoir, c'est aussi voir ça comme l'enseigne la conduite de la cure.

Toute institution produit de la souffrance pour les personnes si l'on veut bien considérer que la souffrance est ce que supporte le sujet de l'institution (*supporter* est la traduction littérale de l'étymon grec de *souffrir* au travers de sa version latine). Mais il convient de distinguer dans la souffrance, celle qui relève d'un refus de la castration exprimé par le sujet de celle qui procède de cette contradiction difficile à vivre : que le sujet, dans sa singularité (sa vérité loquace), n'est précisément pas l'affaire de l'institution.

Que la négativité doive être prise en compte dans la pensée de la formation interroge fortement les professionnels sur ce qui fonde et légitime leur intervention et, plus encore, sur la nature même de ce qu'ils appellent une intervention. Car si la formation et son concept peuvent être ainsi saisis, il faut comprendre que dans les montages institutionnels auxquels elle donne lieu, elle ne peut que se révéler, pour les sujets, à la fois nécessaire et décevante.

Pour approfondir la réflexion sur la clinique, l'expérience apportée par les formations au management paraît d'autant plus pertinente à interroger qu'elle touche une pratique dont la nature se révèle difficile à saisir : l'exercice du pouvoir.

Sur le management

« Vous n'imaginez pas la trouille qu'on peut avoir ! »[43]. Cette exclamation, cueillie au hasard de la lecture d'un entretien accordé à une journaliste par le chef d'une grande entreprise, pourrait valoir comme l'expression du symptôme qui soutient toute demande de formation en matière de management. Une fois entendue la souffrance qu'elle comporte chez les cadres, viennent alors deux questions : pourquoi leur demande porte-t-elle sur le management ? En quoi celui-ci peut-il constituer l'objet d'une formation ?

Un objet insaisissable

Répondre à ces questions[44] implique d'abord de donner consistance à la notion de management. Dans la

---

[43] Attribué à Serge Tchuruk, in *Le Monde* daté du vendredi 6 décembre 1996, p. 15 C. Notre communication ne prétend en rien apparaître, ce serait à la fois dérisoire et contraire à l'éthique, comme valant interprétation pour quiconque; nous nous saisissons d'un fragment de discours public marqué d'un trait que nous avons fréquemment relevé dans notre clinique pour illustrer d'une manière parlante notre propos.
Afin de lever toute ambiguïté, nous rétablissons la phrase citée dans le corps de l'article signé par Véronique Maurus : « Ce qui fait courir Serge Tchuruk d'un pari impossible à un autre n'est ni la gloire, ni le pouvoir, mais un sens du devoir exacerbé. "Vous n'imaginez pas la trouille qu'on peut avoir ! C'est une telle responsabilité !", confiait-il quelques mois après avoir accepté de troquer la présidence confortable de Total pour celle d'Alcatel Alsthom, cinq fois plus gros et en pleine déconfiture ».

[44] Nous nous limitons à ce point qui concerne l'objet de la demande, sans avancer sur la conduite de la formation, ni sur ses effets à court

littérature spécialisée, elle apparaît le plus souvent suivie d'un déterminant (management des ressources humaines, de l'information, de projet, des différences culturelles, etc.) comme si elle était affectée en son centre d'un tel vide conceptuel que des éléments référés aux sciences humaines ou à la technique devaient nécessairement venir la border pour lui conférer un sens. Ainsi le management peut-il être légitimement approché par les voies spécifiques des diverses sociologies, de l'anthropologie, de la sociopsychologie, des sciences juridiques, de l'économie, mais toujours à leur marge, une part de l'objet finissant par se dérober à toute tentative de le définir.

Pourtant certains font métier de modéliser cet objet apparemment insaisissable : une telle activité, considérable dans sa production livresque, doit être regardée comme la conséquence d'une demande sociale si forte que l'inimaginable serait que la réponse n'existât point. Mais celle-ci ne saurait être réduite à l'existence sinon l'exigence d'un marché : tout fonctionnement d'un groupe humain en tant que tel - famille ou entreprise - est suffisamment problématique pour constituer à soi seul un champ de la recherche. Aussi la réponse en matière de management s'élabore-t-elle, le plus souvent à partir d'observations de terrain, sur des fondations théoriques plus ou moins bricolées dans le domaine des sciences humaines. Elles produisent des formules qui ont au moins le mérite d'obliger les hiérarchies à choisir leurs modes

---

ou moyen terme. Précisons, pour faciliter la lecture de notre texte, que nous appelons *demande* tout énoncé adressé par une institution ou par une personne, et qui vise à convoquer dans l'espace et le temps singulier de son discours une présence tierce, en place de l'objet énigmatique; *formé*, tout sujet qui participe, seul (accompagnement personnalisé) ou en groupe, au travail d'élaboration de l'objet; *formateur*, celui qui offre le cadre pertinent à la symbolisation de l'objet.

d'action en appliquant, par exemple, un management à l'écoute, ou participatif, ou par objectif, etc. L'acte de formation prendra généralement pour objet, non le management lui-même, mais le contenu d'une ou de plusieurs de ces constructions, suivant la pratique de l'intervenant et parfois la commande de l'institution. À charge pour le formé de s'en arranger quand viendra le temps du retour sur le terrain. En quelque sorte, dans cette disposition, la réponse précède la demande. On pourrait ajouter que l'existence même de ce qui est reconnu dans le monde de la formation et des ressources humaines comme la réponse pertinente du moment détermine la formulation de la demande et oriente son adresse. Mais ce faisant, la demande évacue le terrain et se situe alors dans une relation imaginaire à la formation.

Du sacré

Passer par cet imaginaire, spontanément présent dans la formule citée en ouverture (« *Vous n'imaginez pas*... »), constitue le détour inévitable pour qui cherche à comprendre ce que manager veut dire. Alors la demande peut être saisie dans l'ambivalence qui la fait consister en désir de savoir ou de ne pas savoir. Cet imaginaire affecte si fortement les discours managériaux qu'il contraint chacun d'eux à se couvrir de la parure du scientisme et à s'énoncer comme exclusif de tout autre - et non cumulatif comme l'est celui de la science. Le ton général qu'adoptent les théoriciens du management est celui de l'excommunication. Ainsi, un expert de haute notoriété dans la profession dénonce-t-il, dans un même mouvement, et « la littérature managériale où chaque gourou développe son idée » et « les patrons qui réclament des formules magiques et dévorent le dernier ouvrage de management à la mode »[45]. La convocation, courante chez de nombreux auteurs, d'un vocabulaire mystique (le mage, chez les Persans, est l'interprète des songes, le gourou, chez les Brahmanes, le maître spirituel et la dévoration s'inscrit dans une logique du sacrifice) ne doit pas être reçue comme le témoignage d'un mépris confraternel, mais d'abord comme une méprise des théoriciens sur leur propre rôle, voire l'aveu d'une impuissance à définir leur objet. Elle a surtout le mérite de désigner, avec insistance, une part de l'espace du management comme relevant du sacré[46]. Voilà qui ramène à la « trouille » inaugurale[47].

Nul besoin d'un grand effort pour persister dans la voie de cette sorte de théologie lorsqu'on relève que le « charisme » d'un cadre peut faire l'objet d'une évaluation annuelle par la hiérarchie supérieure, qui elle-même choisit de se définir par son appartenance à « la race des patrons »[48]. Le moins que l'on puisse tirer de cet appareillage à visée théorique est qu'y paraît fortement le lien institutionnel au principe du Père. La « trouille » serait alors en rapport avec la place fantasmée du Père

---

[45] Henry Mintzberg, in *Le Monde* daté du mercredi 15 janvier 1997, supplément p. IV, E. Cette citation doit être lue comme exemplaire du discours dont usent les praticiens ou théoriciens du management et non disqualifiant celui d'un auteur tout à fait estimable.

[46] La tendance de toute théorie managériale est de s'ériger en dogme. Ainsi que l'établit Pierre Legendre (1992, p. 68), « dogmatique est le discours occupant la place mythique de la vérité ».

[47] Ce point n'avait pas échappé à Jean-Jacques Rousseau qui écrivait dans *Du contrat social*, Éditions Garnier-Flammarion, 1975, pp. 76-77 : « Pour découvrir les meilleures règles de société qui conviennent aux nations, il faudrait une intelligence supérieure, qui vît toutes les passions des hommes et qui n'en éprouvât aucune, qui n'eût aucun rapport avec notre nature et qui la connût à fond... Il faudrait des dieux pour donner des lois aux hommes ».

[48] Expression cueillie dans l'article cité en note 9 et qui, nonobstant les facilités journalistiques, se révèle fréquente dans la littérature hagiographique de management.

imaginaire dans l'institution. Ce faisant l'institutionnalisation opère un glissement métonymique qui censure la déjection humaine, celle que désigne la « trouille » dans son sens premier, et elle évite ainsi de la situer dans une trop grande proximité avec la pulsion.

Arrivé à ce point, on mesure en quoi le malentendu structurant la demande pourrait entraîner la tentation chez le formateur de ramener sa science et de rabattre la demande sur une problématique du sujet et de la traiter comme telle. Cette démarche existe, qui prospère actuellement à l'ombre de certaines Chambres de Commerce et d'Industrie. Elle n'est ni plus ni moins acceptable que telle autre qui réduit le management au terrain de l'organisation. Les unes et les autres sont seulement partielles et partiales, et ne se soutiennent que de l'impossibilité, déjà présente au principe de la demande, à définir leur objet. Toutefois, comme l'usage du vocabulaire mystique faisait apparaître dans le management un trait inattendu relevant du sacré, cette démarche souligne de façon tout aussi pertinente que dans cette affaire le sujet ne saurait rester indemne.

Pour avancer dans la réflexion, il devient inévitable de revenir à l'objet de la demande - le management - et le lieu où il opère - l'institution. Les deux éléments sont indissociables en ce sens que le management n'existe que d'avoir un cadre où s'exercer : il ne peut convenir de l'enfermer dans la seule problématique du sujet, sauf à considérer l'institution comme résultant de la sommation des formations subjectives.

Dans une conférence qu'il donna jadis à Nantes, le psychanalyste Serge Leclaire définissait l'institution comme « rien d'autre que la mise en œuvre collective d'un discours »[49]. Et dans un tel dispositif, tout discours ne s'autorise qu'en référence au texte qui perpétue le lien avec l'acte de fondation. L'identification pathologique de certains hiérarchiques à leur institution doit être entendue comme la volonté d'incarner le texte - à la place du Père fondateur - et comme le refus de se limiter au statut d'interprète du texte, le seul légitimement offert et reconnu à l'encadrement. Aussi, dans l'institution, toutes les personnes sont-elles soumises à la lettre du texte et, parce qu'il donne un cadre, elles peuvent parler entre elles à partir de places différentes et par conséquent travailler ensemble. Toutefois chacune connaît dans le même temps « l'effort de la différenciation subjective, c'est-à-dire de la division de soi et du monde par les mots, et de la division des mots par le sens » (Legendre, 1992, p. 394) et cette conséquence visible dans l'institution qu'un travail n'est possible que s'il s'opère une désérotisation de la relation aux autres.

L'instance tierce

Toute approche épistémologique du management ne saurait ignorer l'effet structurant de la référence au texte fondateur : c'est à partir de son établissement que notre objet peut enfin se concevoir. Faute de quoi l'institution n'assurerait plus la régulation nécessaire à sa survie (et non à celle de ses membres comme certains feignent de le croire) et se verrait guettée par la dissolution : littéralement, en son sein, personnes et groupes ne parviendraient plus à s'entendre. Toutefois quand elle se produit, la fragilisation de ce lien entraîne pour les

[49] Serge Leclaire, in « L'opposition individu/société au regard de la psychanalyse », conférence prononcée le 20 janvier 1973 à Nantes et reprise dans le tome 2 des *Écrits pour la psychanalyse*, Éditions du Seuil/Arcanes (1998).

personnels une souffrance au travail si vive que la situation au sein de leur institution est souvent décrite, dans les entretiens liminaires, comme devant frapper l'imagination du formateur par son caractère exorbitant et unique. Cette fragilisation ne doit pas être confondue avec la précarisation des emplois qui forme l'horizon actuel du travail humain, même si parfois elles se rejoignent pour tel sujet dans une même angoisse : ce serait confondre les faits de structure et de conjoncture et se mettre dans la situation de ne pouvoir distinguer le statut de chacun des discours qui les soutiennent.

Il convient maintenant d'approcher la notion de management au plus près de sa formation signifiante : le détour par l'archéologie linguistique, que Cicéron nommait *veriloquium*, peut y contribuer. Le mot management est entré dans l'usage français par intégration du substantif anglais : nombreux sont encore ceux, qui ignorant volontairement ou non la recommandation de l'Académie qui rétablit la nasalisation finale, choisissent de maintenir la prononciation anglaise et conservent aux phonèmes leur caractère étranger, pour ne pas dire d'étrangeté, laissant filer le sens vers l'innommable[50]. Son étymon latin *manus* désigne le symbole de pouvoir et d'autorité; il est commun à plusieurs mots français dont, par l'intermédiaire de *mandare*, la demande. Ainsi management et demande sont-ils inscrits dans une même généalogie signifiante : on pourrait avancer l'hypothèse que le management se constitue d'un même fond qui porte aussi une demande.

---

[50] En 1986, lors d'une évaluation à trois ans d'une opération de formation au management (plus de cinq cents cadres concernés dans une institution d'envergure nationale), notre enquête fit apparaître sur un échantillon représentatif des personnels de différentes catégories ayant suivi ou non les stages, que près de la moitié niait tout consistance à la notion de management, avec pour argument premier l'origine prétendument étrangère du mot.

Mais adressée à qui ? Voilà la question que nous laissons provisoirement en suspens.

L'étymologie l'indique suffisamment : le management est étroitement référé au pouvoir. On pourrait alors s'étonner qu'une évidence si forte fasse question. En tant qu'objet, le concept de pouvoir peut légitimement être revendiqué comme relevant de leur champ par la philosophie ou les sciences sociales. Pour reprendre ce que nous avons déjà avancé, si l'institution, sous le chef d'un texte fondateur, assigne un statut aux différents discours, que vient donc pointer la demande, sinon que l'évidence est illusoire ? Déplacer le management sur la notion de pouvoir ne saurait donc suffire à le constituer comme objet.

Reconnaissance et savoir

Pour ouvrir le champ de notre recherche, il est utile de rappeler que l'expression première que donnent les formés à la difficulté, voire à la souffrance qu'ils éprouvent dans leurs activités managériales désigne l'absence de reconnaissance. Quand ils précisent leur plainte, ils situent les instances défaillantes comme étant l'institution en général, leur hiérarchie, leurs collaborateurs, de sorte que nous devons conclure que le défaut est structural. De fait si l'institution assigne légitimement un statut aux discours et par conséquent une place aux sujets, quel office supplémentaire de reconnaissance devrait-elle accomplir en dehors des nominations qu'elle promulgue et qui répondent à l'impératif de sa pérennité ? La demande des sujets apparaît superfétatoire et partant impossible à satisfaire : de ce fait certains formateurs choisissent de l'entendre comme demande d'amour et, la reversant au compte de l'infantile et de la jouissance, propose de la renvoyer dans le cadre de la cure. Cela peut être une bonne indication lorsque le sujet, dans les premiers entretiens, relie spontanément sa souffrance à des épisodes de sa biographie, mais cette disposition est loin d'être générale et si elle existe mérite d'être traitée dans un autre cadre. Elle ne répond certainement pas au besoin de l'institution et surtout, pour le sujet, elle opère dans sa demande une torsion qui reste problématique. Il s'agit plutôt pour le formateur de travailler en sorte que le transfert du formé porte sur un objet possiblement médiateur, en l'occurrence le management, et qu'il soit rapporté au terrain dont les contraintes ont suscité une demande énoncée dans les termes où elle est professionnellement recevable.

L'exercice du pouvoir révèle que d'être nommé par l'institution à telle fonction d'encadrement est nécessaire mais pas suffisant pour garantir la légitimité pleine du rôle. Reprenant la distinction énoncée plus haut entre le domaine du pontife (auctoritas) et celui de l'empereur (potestas), Hannah Arendt souligne que l'autorité, au contraire du pouvoir, plonge ses racines dans le passé, reliant toute action présente au temps mythique de la fondation[51]. Si, l'*auctoritas* procède à un accroissement, comme son sens premier l'implique, il s'agit d'accroître l'espace symbolique dans l'institution, celui où les échanges sont régulés par la parole et non soumis à la violence arbitraire des stratégies ou des affects. Les réunions de travail sont souvent des moments où le malaise, pour ne pas dire le mal-être, s'installe quand le hiérarchique ne dispose pas de l'autorité suffisante. Chaque participant sait qu'il peut craindre le surgissement de la violence dans son adresse la plus frustre. Quand ces difficultés provoquent des dysfonctionnements, elles sont traitées par des formations segmentées, du type de la

[51] Sur l'autorité, voir Hannah Arendt, *La crise de la culture*, Paris, Gallimard, 1989, pp. 121 à 185.

conduite de réunion, plus portées au formalisme qu'à l'élaboration des formes nécessaires à l'échange.

Certes, l'interprétation du texte fondateur a pour fonction de réguler les rapports entre tous les membres de l'institution, mais il appartient à chacun de ceux qui disposent de la *potestas* - qui leur est déléguée - de faire en sorte que leur *auctoritas* soit reconnue. L'espace du management se constituant du rapport entre la *potestas* et l'*auctoritas*, il ne sert de rien quand le déficit d'autorité est si douloureusement ressenti par un sujet qu'il cherche à accroître son pouvoir quand il s'agirait pour lui de faire reconnaître son autorité. Une situation difficile se présente souvent lors de la succession que doivent assurer de jeunes cadres à la tête d'équipes anciennement constituées, quand demeurent des personnels en état de faire le lien avec le temps de la fondation. Nous avons connu, consécutifs au sentiment d'absence d'autorité, des cas de décompensation très graves.

La reconnaissance de l'autorité, si fortement et unanimement revendiquée, ne peut venir que des collègues, quel que soit le statut qu'ils occupent : la relation hiérarchique entre encadrés et encadrants s'établit toujours sur une approbation à double sens. Aussi, dans quelque groupement humain que ce soit, l'exercice solitaire du pouvoir doit-il être reçu comme exprimant les symptômes conjoints d'une structuration pathogène du sujet et d'un fonctionnement pervers de l'institution. Il ne faut pas s'étonner quand on ignore cette division qui structure la fonction managériale si la demande de formation porte sur l'acquisition souhaitée des instruments du pouvoir qui sont censés faire défaut et si la réponse mercantile qui est donnée consiste à les exhiber promptement, au besoin sous couvert de scientisme. Marché de dupes. Toutefois les conséquences ne sont pas nulles, car, ignorant son objet et confortant les personnes dans leur imaginaire, la formation va concourir à renforcer le leurre de toute puissance qui affecte le formé et aggraver la crise managériale qu'elle était requise de traiter. Plus que jamais l'institution fonctionnera comme un étayage pour le sujet défaillant. Combien de fois avons-nous reçu du personnel encadré ce jugement après un stage de management que sa hiérarchie avait suivi et que nous étions chargés d'évaluer, qu'elle était pire qu'avant[52].

Éthique de la formation

La demande repose sur l'imaginaire d'un âge d'or durant lequel la place de chacun aurait été assignée dans l'institution hors de toute contrainte, hors de toute violence ; elle attend que la formation opère la restauration d'un corps social enfin pacifié ou, quand elle est posée à titre personnel, à un mieux-être qui exclut toute souffrance au travail et tout conflit. En ce sens, et comme l'indiquait l'étymologie, le management comporte structuralement une part de la demande qui est adressée aux collaborateurs et à la hiérarchie, et dont la demande de formation n'est que l'expression exacerbée. Parce qu'il entend l'impossible qu'elle comporte et qu'il connaît son objet, le formateur ne peut répondre en convoquant des connaissances et des techniques qui conforteraient le formé dans le sentiment que sa réussite, pour mieux dire ses bénéfices psychiques, tient à la capacité de manipuler à leur insu des sujets. On voit sur ce point qu'il ne s'agit pas essentiellement de controverse pédagogique mais d'éthique du formateur.

Si l'espace du management se construit entre *potestas* et *auctoritas*, quel est son champ d'application ?

---

[52] L'enquête annuelle de la Sofres-Moa-Andcp, dans son édition de 1996, révèle que le climat ne s'améliore pas : « les résultats obtenus en France concernant le management au quotidien sont catastrophiques » avec un diagnostic surprenant selon lequel « les salariés français sont plus dépressifs que malades » !

Parce que l'institution est traversée par le déroulement des énoncés et le procès de l'énonciation, c'est celui du conflit et de la contradiction. Le management suppose l'organisation et le maintien d'un système de formes qui régule les échanges entre les personnes et une interprétation de ces formes qui conditionne le statut des discours et l'émergence possible d'un sens partageable. La fonction d'interprète apparaît dès lors principielle dans le management. C'est pourquoi ni le vocabulaire mystique auquel les théoriciens ont parfois recours, ni le rapprochement avec le sacré ne peuvent être invalidés sous couvert de quelque science. Il ne peut exister de traitement du conflit, ni de travail de la contradiction sans la capacité de les articuler dans les formes requises par les règles de l'institution. Dans cette perspective, le management devient fondamentalement activité de formation : il crée les formes qui permettent au personnel d'agir ensemble en toute connaissance de cause; dans le même temps il autorise l'interprétation des formes de l'échange, de quoi procède tout changement possible. Ainsi le management peut-il être compris pour le sujet comme une façon dynamique d'accompagner les formations à l'œuvre dans une institution.

De ce fait, la demande de formation en matière de management fonctionne comme un effet de miroir auquel le formateur peut se laisser prendre s'il n'est pas assuré et de sa position et de son objet. C'est pourquoi il se situe, à ce moment de la demande, du côté du non savoir - ce qui est bien loin de l'ignorance [53] - afin de permettre au formé d'élargir la faille qu'il a ouverte dans ses propres résistances, lorsqu'il a exprimé sa demande. Ces résistances sont de même nature que celles auxquelles le

[53] Nicolas de Cues avait clairement intitulé son traité du non savoir *La docte ignorance*.

formé doit se confronter en tant que hiérarchique et autour desquelles s'agence tout collectif, qu'il soit groupe, entreprise ou association. On oublie trop souvent que le centre de l'institution n'est pas constitué d'un projet unifiant mais d'une coagulation de résistances à laquelle le management, parce que son champ d'application est la contradiction et le conflit, va devoir se frotter.

On comprend dès lors que la « trouille », avouée ou non, soit la chose la mieux partagée dans l'institution quand l'objectif fixé au management, et sur lequel sont évaluées des carrières, vise à supprimer, jouant de la *potestas* et de l'*auctoritas*, les effets de la contradiction et du conflit. Que la tenue de réunions rituelles de service provoque des insomnies chez certains cadres ou des angoisses qui rendent difficile la prise de parole, pointe clairement ce fait que la formation au management ne peut éviter d'inscrire le sujet dans le rapport à la formation sociale (dans notre perspective, il n'existe pas d'individus, car tous sont divisés). Qu'il sache que le formé entre en demande par le fantasme, doit inciter le formateur, loin de toute séduction, à diriger avec une grande rigueur l'effort sur l'objet de la formation. Alors la demande sortira du mode défensif qui soutient son énoncé pour laisser venir dans le procès de son énonciation quelque chose qui rapproche le formé de sa vérité, quelque chose qui ressemble à une interprétation.

L'acte de formation touche principalement le domaine de l'*auctoritas* et vise à accroître le champ symbolique où elle s'exerce. Non pour augmenter en dernière instance la *potestas*, mais pour garantir les formes qui permettent aux sujets de venir à l'énonciation. Cela suppose que le formé accepte de soutenir le conflit et de maintenir la contradiction. Pour ce faire, il faut qu'en tant que sujet, il n'en soit pas trop affecté : c'est le prix à payer pour produire de l'altérité quand la « trouille » dans l'acte de management pousse à reproduire du même. Quant au formateur, il lui revient de laisser place à la surprise, c'est-à-dire de ne pas ériger en méthode ce qui ressortit à ses propres résistances. Surprise qui vaut pour lui autant que pour l'autre et qui semble finalement la manière la plus juste de nommer le savoir issu de l'expérience formative.

L'acte de formation touche principalement le domaine de l'auctoritas et vise à accroître le champ symbolique où elle s'exerce. Non pour augmenter en dernière instance la potestas, mais pour garantir les formes qui permettent aux sujets de venir à l'énonciation. Cela suppose que le formé accepte de soutenir le conflit et de maintenir la contradiction. Pour ce faire, il faut qu'en tant que sujet, il n'en soit pas trop affecté : c'est le prix à payer pour produire de l'altérité quand la « trouille » dans l'acte de management pousse à reproduire du même. Quant au formateur, il lui revient de laisser place à la surprise, c'est-à-dire de ne pas ériger en méthode ce qui ressortit à ses propres résistances. Surprise qui vaut pour lui autant que pour l'autre et qui semble finalement la manière la plus juste de nommer le savoir issu de l'expérience formative.

Vers l'analyse des pratiques

Ainsi l'effet ordinaire que produit la collision des différentes résistances à l'œuvre dans la formation est-il de pousser à son insu le formateur à ériger la connaissance en savoir absolu et à prévenir toute surprise par un rempart d'énoncés infalsifiables. S'adressant à un public d'adultes, la formation deviendrait alors difficilement recevable ou prendrait l'apparence d'une religion.

Pour parer à cette dérive très fréquemment observée, l'analyse des pratiques formatives ou managériales doit oeuvrer au cœur de ce qui constitue le point aveugle de leur activité. Aussi est-il indispensable que le travail soit conduit par au moins une personne avertie du processus inconscient qui soutient les résistances. Cela signifie que si le formateur ou le manager, en tant qu'il exerce une fonction sociale, n'a nullement besoin d'être de lui-même en capacité de repérer et d'analyser ce processus, il doit pouvoir le rencontrer et en recevoir l'épreuve au cours de ses séances d'analyse de pratiques, qu'elles soient animées sur le mode groupal ou sur le mode personnel. Par l'enjeu transférentiel et le rapport qui s'établit avec les résistances, la séance produit les effets qui feront loi dans la relation formative ou managériale. Ceux-ci doivent permettre à chacun d'amorcer la réponse convenable à la situation inattendue qu'il rencontre sur le terrain. De fait, la séance d'analyse des pratiques constitue le lieu spécifique où quiconque prétend développer une activité instituée qui l'implique en tant que sujet humain, prend le risque d'ouvrir à sa dimension inconsciente la relation qu'il construit avec d'autres sujets humains. Non pour exalter le goût du risque ou manifester une curiosité déplacée, mais pour satisfaire à l'éthique qui pousse tout professionnel à se placer dans la disposition de rendre le service requis.

Références bibliographiques

Bataille G. (1973), *Œuvres complètes*, Tome V, Paris, Gallimard.

Castells M. (1998), *La Société en réseaux*, Paris, Fayard.

Deleuze G., Guattari F. (1991), *Qu'est-ce que la philosophie ?*, Paris, Les Éditions de Minuit.

Freud S. (1989), *Malaise dans la civilisation*, Paris, P.U.F. (Première édition : Vienne, 1929, Titre original : *Das Unbehagen in der Kultur*).

Lacan J. (1966), *Écrits*, Paris, Seuil.

Leclaire S. (1998), *Écrits pour la psychanalyse 2 : Diableries*, Paris, Seuil.

Legendre P. (1992), *Les Enfants du texte. Essai sur la fonction parentale des États*, Paris, Fayard.

Legendre P. (1999), *Sur la question dogmatique en Occident*, Paris, Fayard.

Périer F. (1998), *L'Amour. Séminaire 1970-1971*, Paris, Hachette Littératures.

Reik T. (2001), *Le Psychologue surpris. Deviner et comprendre les processus inconscients*, Paris, Denoël, (Titre original : *Der überraschte Psychologe. Über erraten und verstehen unbewusster Vorgänge*, Leiden, 1935).

646646 - Mars 2016
Achevé d'imprimer par

1livre.com
du rêve à la réalité !